Elizabeth

Sissi

Kaiserin Elisabeth von Österreich
Elisabeth, Empress of Austria
L'Impératrice Elisabeth d'Autriche

Brigitte Hamann

KÖLN LISBOA LONDON NEW YORK PARIS TOKYO

Cover:
Empress Elisabeth in Court Regalia and Diamonds
Painting by Franz Xaver Winterhalter, 1864

Back cover:
Still from the film "Sissi, Schicksalsjahre einer Kaiserin"
Scene featuring Romy Schneider
(Austria 1957; written and directed by Ernst Marischka)

Front flap and illustration page 2:
Empress Elisabeth with her Hair down
Painting by Franz Xaver Winterhalter, c. 1865

Back flap:
Elisabeth, Empress of Austria and Queen of Hungary
Painting by Leopold Horovits, 1899

© 1997 Benedikt Taschen Verlag GmbH
Hohenzollernring 53, D–50672 Köln

Layout and cover design: Angelika Taschen, Cologne
English translation: Anthea Bell for
First Edition Translations Ltd, Cambridge (UK)
French translation: Michèle Schreyer, Cologne
Edited and produced by Christiane Blaß
and Michael Konze, Cologne

Printed in Spain
ISBN 3–8228–7865–0

Inhalt | Content | Sommaire

Kindheit und Jugend

In der verklärenden Rückschau auf eine glückliche Kindheit dichtete die rund fünfzigjährige, melancholisch und einsam gewordene Elisabeth, Kaiserin von Österreich und Königin von Ungarn, in ihr geheimes Tagebuch:

> Ich bin ein Sonntagskind, ein Kind der Sonne;
> Die goldnen Strahlen wand sie mir zum Throne,
> Mit ihrem Glanze flocht sie meine Krone,
> In ihrem Lichte ist es, dass ich wohne.

Tatsächlich galt Elisabeth, die zweite Tochter des Herzogs Max in Bayern, als Glückskind, war sie doch am Weihnachtsabend (1837) geboren und hatte außerdem bei der Geburt schon einen Zahn, den der bayrische Brauch als »Glückszahn« verstand und als frühes Zeichen für einen ganz besonderen Menschen.

Da der Vater nicht dem königlichen Zweig des Hauses Wittelsbach angehörte, hatte er keinerlei offizielle Funktion am bayrischen Königshof. So blieb die Familie von Etikette- und Protokollfragen weitgehend verschont und konnte sich ganz dem Privatleben widmen. Herzogin Ludovika, immerhin eine Schwester König Ludwigs I., war eine eher bäuerlich wirkende Frau ohne gesellschaftlichen Ehrgeiz. Entgegen aristokratischer Sitte bestand sie sogar darauf, ihre Kinder weitgehend selbst aufzuziehen.

Diese acht Kinder, eines hübscher und wilder als das andere, wuchsen in Freiheit auf, im Winter im Palais Max auf der Ludwigstraße, dem Geburtshaus der kleinen Elisabeth, im Sommer im geliebten »Possi«, dem kleinen, wenig eleganten Schlößchen Possenhofen. Sie waren gute Bergwanderer, Reiter und Fischer, machten Musik, liebten Tiere und die idyllische Landschaft rund um den Starnberger See. Zu systematischem Lernen waren sie zur Verzweiflung ihrer Lehrer nicht bereit und bestanden auch ungeniert auf ihrem bayrischen Dialekt.

Nur eines der Kinder war einigermaßen ernsthaft und strebsam: die älteste Tochter Helene, eine schmale, dunkle Schönheit. Sie war als Braut des begehrtesten Junggesellen seiner Zeit ausersehen, des jungen Kaisers Franz Joseph von Österreich. Obwohl die Mütter des

Childhood and youth

Looking back over fifty or so years, Elisabeth, Empress of Austria, a melancholy and lonely woman writes the following lines in her secret diary about herself in the halcyon days of her childhood:

> I am a Sunday child, child of the sun,
> That shone its golden beams upon my throne.
> Its glowing rays into my crown it spun.
> Sunlight I love, and dwell in its bright zone.

Elisabeth, the second daughter of Duke Max of Bavaria, did indeed seem to be a child of fortune. She was born on Christmas Eve 1837, with one tooth already through. In Bavarian lore, this was regarded as a "lucky tooth" and an early sign that its owner was destined for great things.

As Elisabeth's father did not belong to the royal branch of the house of Wittelsbach he had no official functions at the Bavarian court. Consequently, the family was spared most of the demands of etiquette and protocol and could devote itself entirely to private life. Although Duchess Ludovika was King Ludwig I's sister, she had something of the look of a peasant woman, and nurtured no social ambitions. Contrary to aristocratic custom, she even insisted on playing a large part in bringing up her own children.

Those eight children, all equally good-looking and boisterous, grew up in an atmosphere of freedom. In winter they lived in the Palais Max in the Ludwigstrasse in Munich, little Elisabeth's birthplace, while summers were spent at their beloved "Possi", the small and not particularly elegant castle of Possenhofen. They were good at mountain walking, riding and fishing, they played music, and they loved animals and the idyllic landscape around the Starnberger See. To the despair of their tutors, they were not prepared to settle down to systematic study, and they cheerfully insisted on retaining their Bavarian dialect.

Only one of the children showed any degree of seriousness and industry: the eldest daughter, Helene, a dark, slender beauty. She was engaged to the most eligible

Enfance et jeunesse

La cinquantaine venue, Elisabeth, Impératrice-Reine, se remémorait en les idéalisant les jours heureux de son enfance et écrivait dans son journal:

> Née un dimanche, je suis fille du Soleil;
> De ses rayons d'or il me fit un trône,
> De son éclat me tressa une couronne,
> Sa lumière est ma demeure sans pareille.

Et il est vrai que Sissi, la fille cadette du duc Max, était considérée comme une enfant du bonheur: née le soir du réveillon 1837, elle possédait déjà une dent, ce que les Bavarois appellent «la dent du bonheur» et qui présage d'une destinée hors du commun.

Le duc Max n'appartenant pas à la branche royale de la Maison de Wittelsbach, il n'avait aucune fonction officielle à la Cour de Bavière. Sa famille restait donc à l'abri des contraintes de l'Etiquette et pouvait se consacrer à sa vie privée.

La duchesse Ludovika, bien que sœur du roi Louis Ier, était une femme d'aspect campagnard, sans ambitions mondaines. A l'encontre des coutumes aristocratiques de l'époque, elle exigea même d'élever elle-même ses enfants.

Ces huit enfants, tous aussi beaux et farouches les uns que les autres, grandirent dans la plus grande liberté, en hiver au Palais de Max dans la Ludwigstraße, où Elisabeth avait vu le jour, en été à «Possi», le petit château de Possenhofen, guère élégant mais adoré des enfants. Ils étaient d'excellents randonneurs et grimpeurs, cavaliers et pêcheurs, faisaient de la musique, aimaient les animaux et le paysage idyllique du Lac de Starnberg. Mais leur refus d'apprendre désespérait leurs précepteurs ainsi que leur dialecte bavarois qu'ils imposaient sans gêne aucune.

Seule Helene, l'aînée, une gracile beauté brune, montrait un peu de sérieux et d'application. Il était prévu de la fiancer à celui qui représentait le meilleur parti de l'époque, le jeune empereur François-Joseph d'Autriche. Bien qu'ils aient été cousins, leurs mères respectives étant sœurs, les deux jeunes gens se connaissaient à

Die neugeborene Elisabeth in der Wiege mit der Mutter, Herzogin Ludovika, und den beiden älteren Geschwistern, Louis und Helene.

The newborn Elisabeth in her cradle, with her mother Duchess Ludovika and her two elder siblings Louis and Helene.

Elisabeth au berceau avec sa mère, la duchesse Ludovika et ses deux aînés Louis et Helene.

Der Sommersitz der herzoglichen Familie, das Schlößchen Possenhofen am Starnberger See.

The ducal family's summer residence, the castle of Possenhofen on the Starnberger See.

La résidence d'été de la famille ducale, le petit château de Possenhofen sur le Lac de Starnberg.

Elisabeth mit ihrem Lieblingsbruder Carl Theodor.

Elisabeth with her favourite brother, Carl Theodor.

Elisabeth avec son frère préféré, Carl Theodor.

Die 15jährige Sisi in ihrer Brautzeit.

Sisi aged fifteen, during her engagement.

Sisi à 15 ans, jeune fiancée.

Herzog Max in Bayern.

Duke Max of Bavaria.

Le duc Max, père de Sisi.

Herzogin Ludovika mit ihren Kindern (von links) Sophie, Mathilde, Carl Theodor und Max Emanuel.

Duchess Ludovika with her children (from left) Sophie, Mathilde, Carl Theodor and Max Emanuel.

La duchesse Ludovika avec ses enfants (à partir de la gauche) Sophie, Mathilde, Carl Theodor et Max Emanuel.

künftigen Paares Schwestern waren, kannten die beiden jungen Leute einander kaum. Der Heiratsplan wurde 1853 aktuell, als Helene 18 Jahre alt war.

Zeitpunkt der Verlobung sollte Franz Josephs 23. Geburtstag im August 1853 sein, und das Ereignis sollte in der kaiserlichen Sommerfrische in Ischl im Salzkammergut stattfinden. Um vorschnellen Gerüchten zuvorzukommen, nahm Herzogin Ludovika neben Helene auch die fünfzehnjährige zweite Tochter, Elisabeth, »Sisi«, mit auf die Reise. Denn auch sie, die als wenig hübsch galt, mußte bald verheiratet werden. Und der Kaiser hatte drei jüngere Brüder.

Das Familientreffen in Ischl brachte alle Planungen durcheinander: Franz Joseph, ansonsten ein folgsamer Sohn seiner dominanten Mutter, der Erzherzogin Sophie, beachtete Helene kaum, entflammte vom ersten Blick an für deren kleine Schwester und bestand darauf, nur sie und keine andere heiraten zu wollen.

Sisi war ein Kind, verlegen, unsicher, so eingeschüchtert von der vornehmen Verwandtschaft aus Wien, daß sie kaum ein Wort herausbrachte. Helene weinte, die Mütter waren verwirrt und ratlos. Franz Joseph aber ließ im Garten eine Schaukel aufstellen, um seine verstörte, kindliche Braut zu erheitern.

Die romantische Liebesgeschichte des Kaiserpaares stimmt nur zur Hälfte: Franz Joseph war zweifellos über beide Ohren verliebt in seine kleine Cousine aus Bayern. Elisabeth aber hatte keine Wahl – gemäß dem Ausspruch ihrer Mutter: »Einem Kaiser gibt man keinen Korb«.

Später meinte Elisabeth über diese Tage in Ischl: »Die Ehe ist eine widersinnige Einrichtung. Als 15jähriges Kind wird man verkauft und tut einen Schwur, den man nicht versteht und dann 30 Jahre oder länger bereut und nicht lösen kann.«

bachelor of his time, the young Emperor Franz Joseph of Austria. Although the mothers of the bride and groom to be were sisters, the two young people themselves hardly knew each other. Plans for the marriage were made in 1853, when Helene was eighteen.

The official betrothal was timed for Franz Joseph's 23rd birthday in August 1853, and was to take place during the imperial summer holiday at Ischl in Salzkammergut. To forestall any premature rumours, Duchess Ludovika brought along her second daughter, fifteen-year-old Elisabeth or "Sisi", as well as Helene. For although Elisabeth was not thought especially pretty, she must be married soon too – and the Emperor had three younger brothers.

The family reunion in Ischl upset all these plans. Franz Joseph, usually an obedient son to his domineering mother, Archduchess Sophie, took hardly any notice of Helene. He fell madly in love at first sight with her little sister, and insisted that he would marry no one but Elisabeth.

Sisi was a mere child: awkward, unsure of herself, and so overawed by her distinguished Viennese relations that she could scarcely utter a word. Helene wept; their mother was baffled and confused. Franz Joseph, however, had a swing installed in the gardens to amuse his distressed and childish fiancée.

The myth of the imperial couple's romantic love story is only half true. There is no doubt that Franz Joseph was head over heels in love with his little cousin from Bavaria, but Elisabeth had no choice. As her mother put it, "One does not turn down an emperor".

Elisabeth said later, of that visit to Ischl, "Marriage is a preposterous institution. You are sold as a child of fifteen, you swear vows you don't understand, and you regret them for thirty years or more, but you can never break them."

peine. Le projet de mariage se concrétisa en 1853, quand Helene atteignit ses 18 ans.

Les fiançailles devaient être annoncées à l'occasion du 23e anniversaire de François-Joseph, en août 1853 à Ischl dans le Salzkammergut où se trouvait la résidence d'été impériale. Pour devancer les rumeurs, la duchesse Ludovika emmena aussi la cadette d'Helene, la petite « Sissi ». Celle-ci, âgée de quinze ans, n'était pas considérée comme une beauté. Mais il fallait songer à la marier elle aussi, et l'Empereur avait trois frères plus jeunes.

La rencontre à Ischl bouleversa tous les projets : François-Joseph, qui s'était toujours montré un fils soumis à sa mère l'archiduchesse Sophie, une femme dominatrice, accorda à peine un regard à Helene. Il tomba passionnément amoureux de la cadette et décréta qu'il n'en épouserait aucune autre.

Sissi était une enfant confuse, peu sûre d'elle-même, elle était si intimidée par la famille viennoise qu'elle ouvrit à peine la bouche. Helene pleurait, les mères des jeunes gens étaient complètement désemparées. François-Joseph, quant à lui, fit installer une balançoire dans le jardin pour égayer sa jeune promise effarée.

Cette histoire romanesque n'est vraie qu'en partie : si François-Joseph était amoureux fou de sa petite cousine bavaroise, Elisabeth, elle, n'avait pas le choix. Comme le disait sa mère : « On n'éconduit pas un Empereur ».

Plus tard, repensant à ces journées à Ischl, Elisabeth eut ces mots : « Le mariage est une institution absurde. A quinze ans, encore enfant, on est vendu et on prête un serment que l'on ne comprend pas, que l'on regrette pendant trente ans ou plus et que l'on ne peut dissoudre. »

Das junge Paar kurz nach der Verlobung auf der Spazierfahrt von Ischl nach Hallstatt, kutschiert vom kaiserlichen Generaladjutanten und Vertrauten, Carl Graf Grünne.

Franz Joseph and Elisabeth soon after their engagement, on a carriage expedition from Ischl to Hallstatt, with the adjutant-general and imperial confidant Count Grünne, as their driver.

Le jeune couple peu de temps après les fiançailles en promenade de Ischl à Hallstatt, le comte Carl Grünne, aide de camp de l'Empereur et son confident, tient les rênes.

Die Kaiserbraut

WAPPEN SEINER MAJESTÄT DES KAISERS.

WAPPEN IHRER MAJESTÄT DER KAISERIN.

Wappen seiner Majestät des Kaisers
(oben) und der Kaiserin (unten).

The coat of arms of the Emperor (above)
and of the Empress (below).

Les armoiries de l'empereur (ci-dessus)
et de l'Impératrice (ci-dessous).

Seite 16: Empfang der Herzogin Elisabeth in Nußdorf bei Wien, 22. April 1854

Page 16: The reception of the Duchess Elisabeth in Nußdorf near Vienna, April 22, 1854

Page 16 : Réception de la duchesse Elisabeth à Nußdorf près de Vienne, le 22 avril 1854.

Seite 17: Die 16jährige Kaiserbraut.

Page 17: The Emperor's fiancée, aged sixteen.

Page 17 : Une fiancée impériale de 16 ans.

Obwohl die Braut in den letzten Monaten vor der Hochzeit mit aller Kraft für ihre Aufgabe in Wien vorbereitet wurde – Französisch-, Italienisch-, Geschichtslehrer, Tanzmeister und Spezialisten in Protokollfragen und höfischer Konversation lösten einander ab –, war Sisi alles andere als eine strahlende Kaiserbraut. Sie war voller Angst vor der fremden Residenzstadt Wien, dem Kaiserhof, ihrer strengen Tante und zukünftigen Schwiegermutter Sophie und voll Trauer, ihre Familie und ihre Geschwister verlassen zu müssen.

Die Reise im April 1854 nach Wien dauerte über drei Tage, mit offiziellen Empfängen an allen Stationen, wo der rosengeschmückte Dampfer anlegte. Die Herzogsfamilie und die vertrauten Zofen versuchten die ängstliche Sechzehnjährige nach Kräften aufzuheitern, die in diesen Tagen endlose Huldigungsreden anhören mußte und dabei stets zu lächeln und einstudierte Phrasen zu äußern hatte. Als das Schiff in Nußdorf anlegte und die offiziellen pompösen Empfänge der Honoratioren des Hofes und der Geistlichkeit begannen, war die kindliche Braut bereits ermüdet und erschöpft.

Zudem war der junge Kaiser ausgerechnet in diesen Tagen stark durch die Politik in Anspruch genommen: In Österreich herrschte, ausgelöst durch eine dilettantische Orientpolitik, akute Gefahr, in den Krimkrieg hineingezogen zu werden. Die Stunden der Zweisamkeit waren auch nach den strapaziösen achttägigen Hochzeitsfeierlichkeiten rar. Es gab keine Hochzeitsreise, keine Flitterwochen. Der Kaiser mußte seine junge Frau dem ihr wildfremden neuen Hofstaat überlassen. Das ungewohnte höfische Protokoll war allgegenwärtig, ebenso wie die allzu strenge Schwiegermutter und Tante Sophie. Das Landkind aus Bayern erlebte einen Kulturschock, den es zeitlebens beklagte. Elisabeth durchlebte in dieser Zeit eine schwere depressive Phase und schrieb schon zwei Wochen nach der Hochzeit:

> Ich bin erwacht in einem Kerker,
> Und Fesseln sind an meiner Hand.
> Und meine Sehnsucht immer stärker
> Und Freiheit! Du mir abgewandt.

The Emperor's bride

In the months up to wedding the Emperor's fiancée was intensively prepared for her duties in Vienna – tutors in French, Italian and history, dancing masters, specialists in protocol and courtly conversation rapidly succeeded one another, and the child was fitted for magnificent crinolines. However, Sisi was anything but a radiant imperial bride. She was afraid of Vienna, the foreign capital, of the imperial court and of her strict aunt and future mother-in-law Sophie, and the idea of leaving her family and her brothers and sisters made her very unhappy.

The journey to Vienna in April 1854 took over three days, with official receptions everywhere the rose-bedecked steamer stopped. The ducal family and Sisi's own trusted lady's maids did their best to raise the spirits of the frightened sixteen-year-old, who had to listen to endless loyal addresses while keeping a permanent smile on her face and repeating fitting phrases she had learnt by heart. When the ship arrived at Nussdorf in Vienna, and the grand official receptions for prominent courtiers and churchmen began, the child bride was already exhausted.

At the time, moreover, the young Emperor was much involved in politics, for Austria was in grave danger of being dragged into the Crimean War as a result of its inexpert Eastern policy. There was very little opportunity for the couple to be alone together after the arduous wedding festivities, which lasted a week. They had no wedding trip, no honeymoon. The Emperor was obliged to entrust his young wife to a royal household consisting of total strangers. Court protocol, to which she was not accustomed, was omnipresent, and so was her stern mother-in-law and aunt, Archduchess Sophie. The young Bavarian girl suffered a culture shock she was to lament all her life. She fell into deep depression and just two weeks after the wedding wrote:

I waken in a prison cell
And fetters heavy on me weigh.
I long far more than I can tell
For freedom – it has turned away!

La fiancée de l'Empereur

Aucun effort ne fut ménagé pour préparer la fiancée à ses tâches à Vienne dans les mois qui précédèrent le mariage – on lui fit donner des cours d'italien et de français et les professeurs d'histoire, les maîtres de ballet, les spécialistes du protocole et de la conversation pratiquée dans l'entourage du souverain se succédaient à ses côtés. Pourtant Sissi n'avait rien d'une fiancée rayonnante. Elle avait peur de Vienne, de la Cour impériale, de sa tante sévère qui allait devenir sa belle-mère, et l'idée de quitter sa famille la remplissait de tristesse.

Le voyage qui l'emmena à Vienne en avril 1854 dura plus de trois jours. Des réceptions officielles se déroulaient partout où le vapeur décoré de roses accostait. La famille de Sissi et les femmes de chambre qui la connaissaient bien s'efforçaient autant que possible d'égayer la jeune fille apeurée qui devait subir les hommages interminables tout en gardant le sourire et en répondant des phrases apprises par cœur. Quand le bateau arriva à Nußdorf et que les prestigieuses réceptions officielles données par les notables et le clergé commencèrent, la jeune fiancée était déjà épuisée.

En outre, le jeune Empereur était justement très absorbé par des affaires d'Etat : menée de manière négligente, sa politique en Orient menaçait l'Autriche d'être entraînée dans la guerre de Crimée. Les heures que les jeunes gens pouvaient passer ensemble étaient comptées, même après les noces qui durèrent huit jours. Il n'y eut ni voyage de noces, ni lune de miel. L'Empereur dut abandonner sa femme aux courtisans parfaitement inconnus de sa nouvelle Maison. Impossible de se soustraire à la tyrannie de l'Etiquette ni à la présence sans indulgence de l'archiduchesse Sophie, sa belle-mère. Ce véritable choc culturel bouleversa la petite paysanne bavaroise, elle s'en plaignit toute sa vie. Elle connut à cette époque une période de profonde dépression, et quinze jours seulement après son mariage, elle écrit :

Je me suis réveillée dans une prison
Et mes mains sont entravées.
Et ma nostalgie toujours plus profonde –
Et toi Liberté ! Tu t'es détournée de moi !

Empfang der Herzogin Elisabeth in Baiern am Landungsplatze bei Kufstein am 22. April.

Aber die junge Kaiserin weinte nicht nur ihrer Heimat und ihrer Freiheit nach, sondern auch ihrer ersten Liebe. Daß sie das noch in den Flitterwochen mit Franz Joseph tat, deutet auf weitere Schwierigkeiten hin, die man nur ahnen kann:

> Nur einmal konnt ich wahrhaft lieben
> Es war das erstemal.
> Nichts konnte meine Wonne trüben
> Bis Gott mein Glück mir stahl.

However, the young Empress was not only yearning for her home and her lost freedom, but also for her first love. That she already felt this way in the first days of her marriage to Franz Joseph, did not bode well for the future:

> The one my love I once avowed
> and he was the first to come my way.
> Nothing, it seemed my joy could cloud
> until God stole my heart away.

Mais la jeune Impératrice ne regrettait pas seulement sa patrie et sa liberté, mais aussi son premier amour. Ces sentiments qui l'assaillirent dès sa lune de miel avec François-Joseph laissaient déjà présager les difficultés à venir :

> Je ne pus aimer qu'une seule fois
> Ce fut la première fois.
> Rien ne pouvait troubler ma félicité
> Jusqu'à ce que Dieu décide de me l'ôter.

Seite 18/19: Einzug der Braut über die neue Elisabethbrücke in die Wiener Innenstadt.

Page 18/19: The future Empress's entrance into the inner city of Vienna, over the new Elisabethbrücke.

Page 18/19 : L'arrivée de la fiancée à Vienne par le nouveau pont Elisabeth.

Hochzeit in der Augustinerkirche.

Wedding in the Church of St. Augustine.

Noces dans l'église des Augustins.

»Die Kaiserstadt am Donaustrand«,
von G. Heisinger und M. Kolb.

"The Imperial City on the Danube",
by G. Heisinger and M. Kolb.

«Cité impériale sur les rives du Danube»,
de G. Heisinger et M. Kolb.

Kaiser Franz Joseph stellt seine junge
Frau und Kaiserin dem Wiener Hof vor.

Emperor Franz Joseph introduces his
young wife, the Empress Elisabeth, to
the Viennese court.

L'empereur François-Joseph présente sa
jeune épouse, l'impératrice Elisabeth, à
la Cour viennoise.

Die junge Kaiserin

The young Empress

Dieses Kind aus Bayern sollte Kaiserin eines großen Reiches sein und versagte kläglich. Sie sah sich dem Spott einer fremden, kalt scheinenden höfischen Umwelt gegenüber und sehnte sich voll Heimweh zurück nach Bayern. Erzherzogin Sophie sah keine andere Lösung des Problems, als dieses freiheitsdurstige, ungehobelte Kind erst einmal zu erziehen, um dem österreichischen Staat und der Monarchie nicht durch eine derart unerfahrene Kaiserin Schaden zuzufügen. Die rigorosen Erziehungsversuche brachten große Mißstimmung in das kaiserliche Familienleben.

Einige Jahre lang – 1854 bis 1860 – war Elisabeth eine gefügige, melancholische Ehefrau, die sich bemühte, den Anforderungen gerecht zu werden – mit äußerst geringem Erfolg. Denn nach wie vor wurde ihre höfische Konversation als miserabel kritisiert, und ihr Benehmen als zu wenig »kaiserlich«, das hieß vor allem als zu wenig diszipliniert.

Aber immerhin, sie bemühte sich, war ängstlichbeflissen um das Wohlergehen ihres Gatten und kam auch ihrer Hauptaufgabe nach, kaiserliche Kinder auf die Welt zu bringen, nach zwei Mädchen 1858 endlich den Kronprinzen Rudolf. Aber auch das besserte ihre Lage nicht. Denn Erzherzogin Sophie übernahm die Aufsicht über die kaiserliche Kindskammer und gab Elisabeth kaum Gelegenheit, ihre Mutterpflichten zu erfüllen. Das geschah nicht aus bösem Willen. Sophie, die wie kaum jemand anders für die Größe des Habsburgerhauses arbeitete, wollte sicher sein, daß diese Kinder, vor allem der Kronprinz, zu guten Habsburgern erzogen würden. Eben dies wurde der blutjungen und unerfahrenen jungen Mutter nicht zugetraut.

In Wien wurde die junge Kaiserin wie ein unmündiges Kind behandelt. Die Ehe in diesen ersten Jahren war jedoch gut, das Paar einander herzlich zugetan.

As empress of a great realm, the child from Bavaria failed miserably. She felt exposed to the ridicule of what seemed to her a cold, foreign court, and was desperately homesick for Bavaria. Archduchess Sophie saw nothing for it but to discipline the freedom-loving, coltish child, for fear that so inexperienced an empress might damage the Austrian state and the monarchy itself. Her rigorous attempts at training her daughter-in-law caused considerable ill feeling within the imperial family.

For some years – 1854 to 1860 – Elisabeth was a tractable if melancholy wife who tried, with very little success, to live up to the demands made on her. Her courtly conversation was still considered hopelessly inadequate and her conduct insufficiently "imperial", meaning quite undisciplined.

Still, she did her best. She was anxiously solicitous towards her husband, and she fulfilled her main duty of giving birth to imperial children. After two girls, Crown Prince Rudolf was finally born in 1858. Even his birth, however, did not improve her situation. Archduchess Sophie took over control of the imperial nursery, and gave the young mother hardly any chance to carry out her maternal duties. This was not done out of malice. Sophie, who worked harder than almost anyone in the cause of the great house of Hapsburg, wanted to make sure that the children, particularly the Crown Prince, would be brought up as worthy members of the family, and felt she could not entrust their very young and inexperienced mother with this task.

In Vienna, the young Empress was treated like an under-age child. Her marital relationship however, in these first years, was quite good and the young couple were genuinely drawn to each other.

La jeune Impératrice

La petite Bavaroise devait régner sur un vaste empire et elle échoua lamentablement. Elle se vit confrontée aux railleries de la Cour, ces gens inconnus lui semblaient froids, et elle n'avait qu'un désir, revoir sa terre natale. L'archiduchesse Sophie, soucieuse que l'Etat autrichien et la monarchie n'aient pas à souffrir d'une impératrice aussi inexpérimentée, ne vit pas d'autre solution au problème que de prendre en main l'éducation de cette enfant mal élevée et avide de liberté. Ses tentatives rigoureuses amenèrent la discorde au sein de la famille impériale.

Quelques années durant – de 1854 à 1860 – Elisabeth fut une épouse soumise et mélancolique, s'efforçant d'être à la hauteur de ce qu'on attendait d'elle – en vain. Avant comme après, sa conversation était jugée lamentable et son maintien trop peu « impérial », c'est-à-dire surtout trop indiscipliné.

Mais elle faisait des efforts, veillait avec un empressement craintif au bien-être de son époux et mena même à bien sa tâche essentielle, mettre au monde des enfants, d'abord deux filles, puis en 1858 enfin le prince héritier Rodolphe. Sa situation n'en fut toutefois pas améliorée. En effet, l'archiduchesse Sophie plaça les appartements des enfants impériaux sous sa surveillance personnelle et ne donna guère à la jeune mère l'occasion de remplir ses devoirs maternels. Cela partait d'une bonne intention : Sophie, qui travaillait sans doute plus que quiconque à la grandeur de la Maison de Habsbourg, voulait être sûre que ces enfants, et surtout le prince héritier, seraient élevés pour faire honneur à la dynastie. Et elle en croyait sa belle-fille incapable.

A Vienne, la jeune impératrice était traitée comme une enfant. Pourtant, les premières années du couple furent heureuses, car les jeunes gens éprouvaient beaucoup d'affection l'un pour l'autre.

Die Kaiserin in schwarzem Samtkleid, Gemälde von Anton Einsle.

The Empress in a black velvet dress, painting by Anton Einsle.

L' impératrice en robe de velours noir, peinture de Anton Einsle.

Das hübsche junge Brautpaar in einer
Porzellanmalerei und in Biskuitpor-
zellan.

The handsome young couple painted on
porcelain and modelled in bisque ware.

Les beaux fiancés en porcelaine peinte et
en biscuit.

Das Kaiserpaar mit den beiden Töchtern Sophie und Gisela.

The imperial couple with their two daughters, Sophie and Gisela.

Le couple impérial avec ses deux filles Sophie et Gisela.

Elisabeth mit dem neugeborenen Kronprinzen Rudolf und der zweijährigen Gisela vor dem Bild der kurz zuvor gestorbenen erstgeborenen Sophie. Aquarell von Josef Kriehuber.

Elisabeth with the newborn Crown Prince Rudolf and two-year-old Gisela, in front of the picture of her first child Sophie who had died shortly before. Water-colour by Josef Kriehuber.

Elisabeth avec le prince héritier Rodolphe et Gisela âgée de deux ans devant le portrait de l'aînée des filles, Sophie, morte peu de temps auparavant. Aquarelle de Josef Kriehuber.

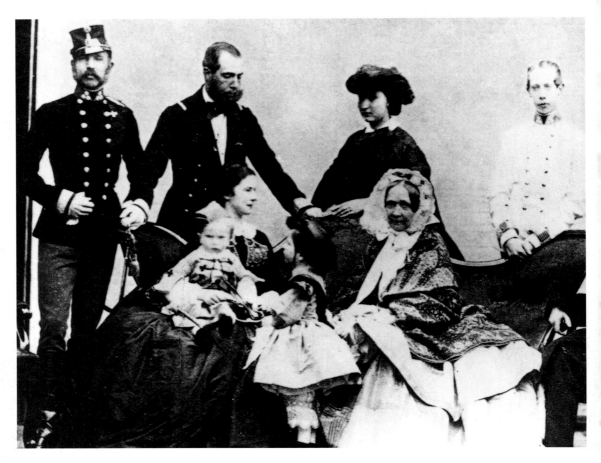

Elisabeth mit Gisela und Rudolf neben ihrer Schwiegermutter und Tante, Erzherzogin Sophie.

Elisabeth with Gisela and Rudolf beside her mother-in-law and aunt, Archduchess Sophie.

Elisabeth, avec Gisela et Rodolphe, à côté de sa tante et belle-mère, l'archiduchesse Sophie.

Eine ernste, melancholisch wirkende junge Frau in Schwierigkeiten.

A melancholy young woman with grave problems.

Une jeune femme grave à l'air mélancolique se débat dans sa prison dorée.

Krankheit und Flucht

Büste Elisabeths, entstanden nach
1900.

Bust of Elisabeth, sculpted after
1900.

Buste d'Elisabeth, réalisé après
1900.

In diesen ersten Wiener Jahren stauten sich bei Elisabeth
große Aggressionen gegen den Wiener Hof und vor
allem gegen die dominante Schwiegermutter auf.
Gerüchte über erste Liebesaffären Franz Josephs lösten
im Sommer 1860 dann eine dramatische Ehekrise aus,
die in einer panikartigen Flucht der Kaiserin nach Possenhofen gipfelte. Vermittlungsversuche und eine kurze
Rückkehr nach Wien brachten keine Lösung, und
schließlich kam es im Oktober 1860 zu einem handfe-
sten Skandal: Die 22jährige Kaiserin von Österreich,
Mutter zweier Kinder, verließ Wien und den Boden der
Monarchie und reiste mit einer kleinen Gefolgschaft von
Hofdamen und Kavalieren so weit weg wie möglich: auf
die Insel Madeira. Für die Öffentlichkeit wurde dies mit
einer Lungenschwindsucht und akuter Lebensgefahr
begründet.

Jahrhundertelang hatten Prinzessinnen mehr oder
weniger willig ihre Pflichten gegenüber der Dynastie auf
sich genommen in vollem Bewußtsein, Figuren auf dem
Schachbrett der Geschichte zu sein. Daß eine Kaiserin
die Untreue ihres Ehemanns nicht still duldete, sondern
auf und davon ging, war schier unvorstellbar. Aber Elisabeth sah in Franz Joseph nicht den Kaiser, sondern
allein den Mann, der sie verletzte. Hinweise auf den
Schaden, den sie mit ihrer Flucht anrichtete – Schaden
für den Ruf der Dynastie wie der Monarchie als solcher –
waren bei ihr wirkungslos. Auf Verständnis in Wien
konnte sie damit nicht rechnen.

In Begleitung der kranken jungen Kaiserin reisten
Diener und Hofdamen und Ehrenkavaliere, alle ohne
Ausnahme von ihr selbst ausgewählt und ihr in Verehrung ergeben. Damit war Sisi zum erstenmal in ihrem
Leben völlig selbständig, überdies vom Kaiser mit
großzügigen Geldmitteln ausgestattet. Sie, die in Wien
hinter ihrem Ehemann und der Schwiegermutter stets
zurücktreten mußte, stand nun allein im Mittelpunkt –
und genoß dies ganz offensichtlich.

So wurde sie in den fast zwei Jahren ihres Exils –
nach Madeira wählte sie Aufenthalte in Venedig und
Korfu – eine andere Frau. Sie legte ihre frühere Demut
und Ängstlichkeit ab, wurde selbstbewußt, ja egozen-

Illness and flight

During her first years in Vienna, Elisabeth bottled up a great deal of aggression towards the Viennese court, and her comineering mother-in-law in particular. Then, in the summer of 1860, rumours of Franz Joseph's first extra-marital love affairs sparked off a dramatic domestic crisis which came to a head with the Empress's panic-stricken flight to Possenhofen. Attempts at mediation and a brief return to Vienna solved nothing, and finally, in October 1860, there was an outright scandal: the 22-year-old Empress of Austria, mother of two babies, left Vienna and the imperial territories with a small retinue of courtiers and went to the island of Madeira, as far away as she could go. The official reason given was that she had tuberculosis and was mortally ill.

Princesses over the centuries had shouldered their duties to the dynasty more or less willingly, well aware that they were pawns on the chessboard of history, and suffered in silence. For an empress actually to leave her husband on account of his infidelity was simply inconceivable. Elisabeth, however, did not see Franz Joseph as the Emperor, but as a husband who was insulting her. Hints that her flight could damage not just the reputation of the dynasty but the monarchy itself, had no effect on her at all. She could not therefore hope for any sympathy from Vienna.

The "mortally ill" young Empress was accompanied by servants, courtiers, handpicked, without exception, by herself and devoted to her. For the first time in her life Sisi was entirely independent; moreover, the Emperor had supplied her with generous financial means. In Vienna she had always stayed in the background, behind her husband and her mother-in-law; now she was the sole centre of attention – and she obviously relished it.

During her voluntary exile of almost two years – for she moved on from Madeira to Venice and Corfu – she became a different woman. She shed her former humility and timidity, becoming self-confident, and even somewhat egocentric and demanding. Furthermore, she now had an excellent means of bringing pressure to bear on her husband: she could threaten to leave Franz

Maladie et fuite

Au cours de ces premières années passées à Vienne, Elisabeth accumula les rancœurs, contre la Cour et surtout contre sa belle-mère. Des bruits concernant les premières infidélités de François-Joseph déclenchèrent une crise conjugale dramatique qui atteint son point culminant quand l'Impératrice s'enfuit en toute hâte au château de Possenhofen. Diverses tentatives de réconciliation et un court séjour à Vienne n'eurent pas les résultats escomptés, et finalement le scandale éclata en octobre 1860 : Elisabeth, 22 ans, impératrice d'Autriche et mère de deux jeunes enfants, quitta le pays dont elle était la souveraine pour se rendre à Madère, aussi loin que possible, avec une petite escorte de dames d'honneur et d'écuyers. Les explications officielles mentionnaient une tuberculose mettant en danger les jours de l'Impératrice.

Des siècles durant, les princesses avaient rempli leurs devoirs envers la dynastie. Elles s'y étaient parfois pliées à regret, mais conscientes d'être des pièces sur l'échiquier de l'Histoire, elles souffraient en silence. Il était absolument inconcevable qu'une impératrice ne supporte pas en silence les infidélités de son mari et qu'elle prenne la fuite de surcroît. Mais Elisabeth ne voyait pas l'Empereur, elle n'avait d'yeux que pour l'homme qui l'outrageait. Sa fuite précipitée porterait atteinte à la réputation de la dynastie et celle de la monarchie en tant que telle, mais cela, elle n'en avait cure. Inutile de compter sur la compréhension de la famille impériale et de la Cour.

Les serviteurs, les dames d'honneur et les cavaliers, tous choisis par l'Impératrice en personne et qui la vénéraient, accompagnèrent la jeune femme que l'on disait à l'agonie. Pour la première fois de sa vie, Sissi était indépendante, et l'Empereur l'avait généreusement dotée sur le plan financier. Elle avait toujours vécu dans l'ombre de son époux et de sa belle-mère, et se trouver maintenant au centre de l'intérêt général la ravissait manifestement.

On vit apparaître une autre femme au cours de cet exil qui dura près de deux années – après Madère, elle séjourna à Venise et Corfou. Elle si humble et si craintive devint sûre d'elle-même, et même exigeante et égocen-

Bilder aus dem Fluchtort Madeira 1860:
Die Villa, die die kranke Elisabeth mit
ihrem Gefolge bewohnte; bei einem Spa-
ziergang; mit Mandoline im Kreis ihrer
Hofdamen.

Pictures from Elisabeth's Madeiran
refuge in 1860: the villa where the ailing
Empress stayed with her retinue; on a
walk; among her ladies in waiting, with
a mandolin.

Madère, le refuge, 1860: la villa où habi-
tent Elisabeth et sa suite; en promenade;
jouant de la mandoline dans le cercle de
ses dames d'honneur.

Rechte Seite: Kaiserin Elisabeth um-
geben von Gräfin Karoline Hunyady,
Prinzessin Windischgrätz und Hofdame
Fürstin Helene Taxis, spätere Gräfin
Kinsky.

Right page: Empress Elisabeth with
Countess Karoline Hunyady, Princess
Windischgrätz and Princess Helene
Taxis, the future Countess Kinsky.

Page de droite: L'impératrice Elisabeth
entourée de la comtesse Karoline Hunyady, de la princesse Windischgrätz et de la
princesse Helene Taxis, future comtesse
Kinsky.

Fotographien aus der Zeit der Krankheit.

Photographs taken during her illness.

Photographies prises à l'époque de la maladie.

trisch und fordernd. Außerdem hatte sie nun ein höchst wirksames Druckmittel in der Hand, nämlich die Drohung, sie gehe wieder fort, wenn Franz Joseph nicht tat, was sie wollte. Und sie setzte eine ihrer wichtigsten Forderungen durch: Die unbarmherzige militärische Erziehung, durch die der kleine, höchst sensible Kronprinz Rudolf schwer erkrankte, wurde liberalisiert. Geistige Ausbildung erhielt nun für ihn Vorrang vor körperlicher – genau das Gegenteil dessen, was der Kaiser ein Jahr zuvor befohlen hatte.

Joseph again if he did not do as she wished. And her chief demands were indeed met: The gruelling military training which had overtaxed the young, highly-sensitive crown-prince and jeopardized his health, was substituted for a more liberal education. Academic subjects now took precedence over physical training, in direct opposition to the Emperor's orders of the previous year.

trique. Il faut dire qu'elle disposait maintenant d'une arme efficace : elle pouvait menacer François-Joseph de repartir s'il ne se pliait pas à ses volontés. Elle parvint ainsi à le faire céder sur un point qui lui tenait particuliè-rement à cœur : on adoucit l'éducation rigide et militaire du petit Rodolphe, un enfant extrêmement sensible, qui avait fini par en tomber gravement malade. L'éducation spirituelle ent désormais la priorité sur les excercices corporels – exactement le contraire de ce que l'Empereur avait ordonné un an avant.

Erzherzogin Charlotte (rechts) begrüßt ihre Schwägerin Elisabeth vor dem Schloß Miramare bei Triest. Im Boot vorne rechts Erzherzog Ferdinand Maximilian, der kurze Zeit darauf als Kaiser nach Mexiko reiste, und Kaiser Franz Joseph.

Archduchess Charlotte welcoming her sister-in-law Elisabeth outside the castle of Miramare in Trieste. Foreground right, in the boat, Archduke Ferdinand Maximilian, who left to become Emperor of Mexico soon after this picture was taken, and Emperor Franz Joseph.

L'archiduchesse Charlotte (à droite) salue sa belle-sœur Elisabeth devant le château Miramare près de Trieste. Dans l'embarcation, devant à droite, l'archiduc Ferdinand-Maximilien qui deviendra peu de temps après empereur du Mexique et l'empereur François-Joseph.

Schönheit und Selbstbewußtsein

Beauty and self-confidence

In dieser Zeit fern des Wiener Hofes erkannte Elisabeth, daß sie eine schöne Frau war – und daß diese Schönheit ihr Macht gab. Das änderte ihre Beziehung zu ihrem Ehemann Franz Joseph vollkommen. Sie war nun die Stärkere. Franz Joseph bewunderte ihre Schönheit und war ihr in geradezu demütiger Verehrung und Liebe ergeben.

Elisabeth war nun erst Mitte zwanzig und, obwohl sie drei Kinder geboren hatte, immer noch äußerst zart; sie wog nur ca. fünfzig Kilo bei einer beachtlichen Größe von 172 cm – das Ergebnis ständigen Hungerns und exzessiver Bewegung. Ihr durch intensives Schnüren noch betontes Taillenmaß, das sie ihr Leben lang hielt, betrug rund 50 cm, das Hüftmaß schier unglaubliche 65 cm (aber vielleicht wurde doch an einer anderen Stelle gemessen als heutzutage üblich).

Ihre Schönheit erreichte Elisabeth ganz bewußt nicht mit starker Schminke und Parfum, wie es im 19. Jahrhundert üblich war. Sehr bewußt stilisierte sie sich zu einem anmutigen, natürlichen Kunstwerk.

Besonders stolz war sie auf ihre kastanienbraun nachgedunkelten Haare, die bis zu den Fersen reichten. Das Frisieren, Flechten und Pflegen dieser Haarfluten dauerte täglich mindestens drei Stunden, die Haarwäsche mit geheimnisvollen Essenzen einen ganzen Tag. Die Friseuse Fanny Feifalik wurde eine unentbehrliche Begleiterin auf allen Reisen.

Die feenhafte Erscheinung der Kaiserin von Österreich wurde, genährt von den Erzählungen fremder Diplomaten und schwärmerischen Berichten internationaler Journalisten, zu einer Weltsensation. Mancher Neugierige reiste nach Wien vor allem in der Hoffnung, einen Blick auf die sagenhaft schöne Kaiserin werfen zu können.

Aber diese außerordentliche Schönheit wurde später auch die Ursache vieler Neurosen und Ängste, vieler verlorener täglicher Stunden, die nützlicher hätten verbracht werden können. Der jahrzehntelange, erbitterte Kampf um die Erhaltung dieser Schönheit zwang sie zur fast ausschließlichen Beschäftigung mit sich selbst und verstärkte ihren Narzißmus.

In her time away from the Viennese court, Elisabeth realized that she was a beautiful woman and that her beauty gave her power. Her relationship with her husband Franz Joseph changed entirely. Overwhelmed by her beauty, he was simply devoted to her, lost in humble adoration.

Elisabeth was now in her mid-twenties, and although she had borne three children she was still very slight. Although quite tall, at nearly five feet eight inches, she weighed under eight stone as a result of constant dieting and excessive amounts of exercise. Her nineteen-inch waist, further enhanced by tight lacing, she kept throughout her life; her hip measurement was an incredible twenty-six inches (although perhaps the hips were not measured in exactly the same place as today).

The Empress did not set out to achieve beauty by means of thick make-up and strong perfume, as women commonly did in the nineteenth century. Instead, she deliberately cultivated her own image as a charming, natural work of art.

She was especially proud of the long chestnut hair, tinted to a slightly darker shade, that hung down to her heels. The braiding, arrangement and care of these flowing locks took at least three hours daily, and their washing with mysterious essences occupied a whole day. Her hairdresser, Fanny Feifalik, was an indispensable companion wherever she went.

The fairy-like beauty of the Empress of Austria was proclaimed all over the world, her reputation nurtured by reports from foreign diplomats and the effusive accounts of international journalists. Many of the curious visited Vienna mainly in the hope of setting eyes on the fabulously beautiful Empress.

Later, however, her extraordinary beauty gave rise to neuroses and anxieties, and many hours were wasted every day that could have been put to better use. Her dogged battle to preserve her looks over the decades drove her into an almost exclusive concern with herself, and reinforced her narcissism.

1121 Budapest, Szanatórium u.

Telefon: 36 1 275-2436 • Fax: 36 1 200-3720 • www.vadasparkrest.com

*Ask for
our offer!*

A Vadaspark Étterem már 15 éve családi vállalkozásban működik Budapest határában, természetvédelmi környezetben, 15 percre a Moszkva tértől. Célunk, hogy az idelátogatók részesüljenek a hagyományos magyar vendéglátás élményében, s megízlelhessék a kitűnő magyar konyha ízeit.

A bejelentett vendégeket a kapuban friss pogácsával, házi pálinkával és cigányzenével fogadjuk. Az időjárástól függően helyezzük el látogatóinkat a fűthető teraszunkon (maximum 230 fő), a hangulatos belső udvaron illetve belső termeinkben (maximum 130 ill. 70 fő). Igény esetén az estére hangulatát emeli a kb. 50 perces folklór műsor, melyből vendégeink átfogó képet kapnak a magyar folklórról. A szereplőgárda a négy pár táncosból és két énekesből áll. A zenét Farkas József és zenekara szolgáltatja.

For 15 years Vadaspark Restaurant has been working as a family enterprise in the outskirts of Budapest, in a preserve, only 15 minutes from Moszkva Square. Our aim is to provide our visiors with the experienceof the traditional Hungarian hospitality and the flavour of the delicious Hungarian cuisine.

We welcome our registered guests with fresh cones, home-made schnaps (pálinka) and gipsy music at the entrance. Depending on weather and the needs we can seat our guests on our terrace, which can be heated (max. 230 people), in our beautiful court or in the inner halls. For your special claims the atmosphere of the evening can be raised by a 50 minute-long folk-lore program, which gives an overall picture of Hungarian folk culture. The performers are: four pairs of dancers and two singers. The music is supplied by József Farkas and his band.

Vadaspark
Étterem

BUDAPEST

BUDAKESZI

Budakeszi út

Moszkva tér

5. km

*Kérje
ajánlatunkat!*

Belle et sûre d'elle-même

C'est à cette époque, loin de Vienne et de la Cour, qu'Elisabeth prit conscience de sa beauté et du pouvoir que celle-ci lui donnait. Ses relations envers François-Joseph en furent complètement transformées. François-Joseph admirait sa beauté et lui vouait une vénération humble et un amour craintif.

Elisabeth avait maintenant 25 ans et bien qu'elle ait mis trois enfants au monde, elle avait gardé son extrême minceur – 50 kilos pour une taille de 172 cm – le résultat de régimes incessants et d'activités physiques excessives. Ses mensurations ont été consignées : sa taille dûment corsetée ne mesura jamais plus de 50 centimètres et son tour de hanches 65 centimètres (c'est incroyable, mais peut-être plaçait-on à cette époque le mètre à un autre endroit?)

Elle était particulièrement fière de sa chevelure couleur de châtaigne mûre qui lui arrivait aux talons. Il fallait au moins trois heures par jour pour brosser, peigner, tresser cette parure, la laver avec des essences mystérieuses durait une journée entière. Fanny Feifalik, sa coiffeuse, devait absolument l'accompagner au cours de tous ses voyages.

La beauté diaphane de l'impératrice d'Autriche, nourrie de ce que racontaient les diplomates étrangers et des articles enthousiastes des journalistes internationaux fit sensation. Plus d'un curieux se rendait à Vienne dans l'espoir d'apercevoir l'Impératrice à l'éclat légendaire.

Mais cette beauté hors du commun engendrera aussi de nombreux troubles émotionnels et affectifs, elle lui fera perdre bien des heures qui auraient pu être utilisées à meilleur escient. Ces années de lutte acharnée pour préserver ce qui ne pouvait l'être l'obligèrent à s'occuper presque exclusivement d'elle-même et cela ne fit que renforcer son narcissisme.

Elisabeth um 1870.

Elisabeth c. 1870.

Elisabeth vers 1870.

Seite 42: Elisabeth um 1867.

Page 42: Elisabeth c. 1867.

Page 42 : Elisabeth vers 1867.

Seite 43: Kaiserin Elisabeth in Hofgala mit Diamantsternen, Gemälde von Franz Xaver Winterhalter, 1864.

Page 43: Empress Elisabeth in court regalia and diamonds, painting by Franz Xaver Winterhalter, 1864.

Page 43 : L'impératrice Elisabeth en tenue de gala avec étoiles de diamant, peinture de Franz Xaver Winterhalter, 1864.

44

46

Links: Elisabeth mit ihrem Lieblingsbruder Carl Theodor.
Oben: Die rund 30jährige Sisi, eine Frau
voll Selbstbewußtsein.

Left: Elisabeth with her favourite brother
Carl Theodor.
Above: Sisi aged about thirty, a woman
with new confidence in herself.

A gauche: Elisabeth avec son frère préféré Carl Theodor
Ci-dessus: Sissi vers la trentaine, une
jeune femme sûre d'elle-même.

Seite 44: Die junge Kaiserin, Gemälde
von Franz Xaver Winterhalter, 1864.

Page 44: The young Empress, painting
by Franz Xaver Winterhalter, 1864.

Page 44: Le jeune impératrice, peinture
de Franz Xaver Winterhalter, 1864.

Seite 45: Fotografien aus den 60er Jahren.

Page 45: Photographs from the sixties.

Page 45: Photographies des années 60.

Elisabeth, Königin von Ungarn.

Elisabeth, Queen of Hungary.

Elisabeth, reine de Hongrie.

Elisabeths frühe Vorliebe für Ungarn erwuchs anfangs vor allem aus ihrer Opposition gegen Wien. Denn Erzherzogin Sophie haßte alles, was ungarisch war und bevorzugte aus durchaus guten politischen Gründen die Böhmen. Ihre Versuche freilich, die Schwiegertochter zum Tschechisch lernen zu bewegen, scheiterten an deren Unwilligkeit.

Sisi verlegte sich dagegen ganz auf das Studium des von Sophie so abgelehnten Ungarisch und beschäftigte sich auch mit der Geschichte der Ungarn, die immerhin in der Revolution des Jahres 1848 gegen das Haus Habsburg Krieg geführt hatten. Diese Freiheitskämpfer machte nun Elisabeth zu ihren Helden.

Um ihre Wiener Umgebung zu ärgern und sich einen Freiraum zu schaffen – denn weder Sophie noch deren Hofdamen verstanden Ungarisch – berief Sisi mehr und mehr Ungarn in ihre engste Umgebung und machte aus dem einfachen Landadelmädchen Ida Ferenczy ihre »Vorleserin« und lebenslang engste Freundin. Ida wiederum war eine Anhängerin Gyula Andrassys, eines ehemaligen, wegen Rebellion zum Tod verurteilten ungarischen Politikers, der in den sechziger Jahren ein großes politisches Ziel hatte: die Versöhnung mit dem Kaiserhaus auf der Grundlage garantierter besonderer Rechte und Freiheiten für Ungarn.

Die damals 28jährige Kaiserin lernte den 42jährigen Andrassy bei einem Besuch in Ungarn im Januar 1866 kennen. Von diesem Zeitpunkt an war sie sein begeistertes, geradezu sendungsbewußtes politisches Werkzeug. Andrassy wurde der beste Freund ihres Lebens, »aber die Freundschaft war nicht durch Liebe vergiftet«, wie sie später betonte.

Als die Preußen im Krieg von 1866 Wien bedrohten, brachte sich die junge Kaiserin mit ihren Kindern nach Ungarn in Sicherheit. Von hier aus beschwor sie in einem Brief ihren in Wien ausharrenden Ehemann, die Forderungen der Ungarn zu erfüllen. Franz Joseph gab nach langem Hin und Her und schwierigen Verhandlungen schließlich dem Willen seiner Frau nach, auch entgegen eigenen politischen Bedenken und gegen den Willen der Erzherzogin Sophie. Der »Ausgleich« mit

Love of Hungary

Elisabeth's early preference for Hungary over Austria sprang chiefly from her dislike of Vienna. Archduchess Sophie hated all that was Hungarian, and had good political reasons for preferring Bohemia. However, her efforts to get her daughter-in-law to learn Czech could not prevail against Elisabeth's unwillingness.

On the other hand, Sisi took great pains to learn Hungarian, a language Sophie greatly disliked, and she also applied herself ostentatiously to studying the history of the Magyars, who had fought the House of Hapsburg in the 1848 revolution. Elisabeth regarded the Hungarian freedom fighters as heroes.

With a view to annoying the Viennese courtiers and creating space for interests of her own – since neither Sophie nor her ladies in waiting knew Hungarian – Sisi appointed more and more Hungarians to her closest circle, and made Ida Ferenczy, an aristocrat but otherwise a simple country girl, her "reader" and a bosom friend for life. Ida in turn was an admirer of Gyula Andrassy, a former Hungarian politician, condemned to death for rebellion, whose great political aim in the 1860s had been reconciliation with the imperial house on the basis of guaranteed special rights and liberties for Hungary.

The Empress, then 28 years old, met Andrassy, aged 42, on a visit to Hungary in January 1866. From that moment on, possessed by almost missionary zeal, she was his enthusiastic political tool. Andrassy became the best friend she ever had, "but the friendship was never poisoned by love", as she pointed out later.

When Prussia threatened Vienna in the war of 1866, the young Empress and her children went to Hungary for safety. From there she wrote letters to her husband, who was still in Vienna, urging him to meet Hungary's demands. After a long period of indecision and difficult negotiations, Franz Joseph finally bowed to his wife's inflexible will, despite his own political misgivings and against the wishes of Archduchess Sophie. The settlement with Hungary known as the "Ausgleich" divided the Hapsburg domains into two parts, establishing the dual Austro-Hungarian state with its two equal-ranking capital cities, Budapest and Vienna. This agree-

La Hongrie bien aimée

L'affection qu'Elisabeth porta très tôt à la Hongrie naquit surtout de son opposition à Vienne. En effet, l'archiduchesse Sophie haïssait tout ce qui était hongrois et préférait la Bohême, ceci d'ailleurs avec des arguments politiques bien fondés. Elle essaya d'inciter sa belle-fille à apprendre le tchèque, mais celle-ci y mit par trop de mauvaise volonté.

Sissi centra donc ses intérêts sur l'étude de la langue hongroise rejetée par Sophie et s'intéressa aussi de manière démonstrative à l'Histoire de la Hongrie qui, ne l'oublions pas, s'était soulevée en 1848 contre les Habsbourg. Ces combattants pour la Liberté devinrent les héros d'Elisabeth. Pour contrarier son entourage viennois et se créer un espace bien à elle – ni Sophie ni ses suivantes ne comprenant le hongrois – Sissi appela de plus en plus de Hongrois auprès d'elle, et Isa Ferenczy, fille de la petite noblesse campagnarde devint sa lectrice et son amie la plus proche sa vie durant. Isa était une adepte de Gyula Andrassy, un politicien hongrois qui avait été condamné à mort pour rébellion. Celui-ci avait eu un projet ambitieux dans les années 60 : réconcilier son pays avec la Maison de Habsbourg sur la base de droits et de libertés spécifiques garantis pour la Hongrie.

L'Impératrice rencontra Andrassy lors d'un séjour en Hongrie en janvier 1866. Elle avait 28 ans, lui 42. Elle fut ensuite son instrument politique enthousiaste, l'idée de sa mission l'emplissait. Andrassy devint le meilleur ami qu'elle eut jamais, plus tard, elle insistait sur le fait que «cette amitié ne fut jamais empoisonnée par l'amour».

Quand Vienne fut menacée par les Prussiens en 1866, la jeune Impératrice se réfugia en Hongrie avec ses enfants. De là elle écrivit des missives à son mari resté à Vienne, le pressant de satisfaire les exigences des Hongrois. Après bien des tergiversations et de longues négociations, François-Joseph se plia finalement à la volonté inflexible de sa femme, passant outre ses propres considérations politiques et la volonté de l'archiduchesse Sophie. Le compromis austro-hongrois entraîna la formation de l'Autriche-Hongrie avec deux capitales dis-

Ungarn teilte das Habsburgerreich in zwei Hälften: »Österreich-Ungarn« mit zwei gleichberechtigten Hauptstädten – Budapest und Wien. Dieser Vertrag mit Ungarn benachteiligte die Böhmen empfindlich; ihnen blieben ähnliche Rechte verwehrt.

Die Krönung Franz Josephs zum König von Ungarn 1867 in Budapest wurde zum Höhepunkt in Elisabeths Leben. Am Krönungstag fühlte sie sich nicht nur als ungarische Königin, sondern, wie eine Wiener Hofdame hämisch bemerkte, »wie eine Braut«.

Mehr denn je hielt sie sich nun in Ungarn auf, wo sie zehn Monate nach der Krönung ihre jüngste Tochter Marie Valerie auf die Welt brachte, das »ungarische Kind«, die »Einzige«, die zur Ungarin erzogen wurde.

ment with Hungary was greatly to the disadvantage of the Bohemians, who were denied similar rights.

The coronation of Franz Joseph as King of Hungary in Budapest in 1867 was the high point of Elisabeth's life. On the coronation day she did not just feel like the Queen of Hungary: as a Viennese lady in waiting rather spitefully remarked, she felt "like a bride".

She spent more time than ever in Hungary now, and ten months after the coronation her youngest daughter Marie Valerie was born, the "Hungarian child", the "only child", who was then brought up as a Hungarian.

tinctes, Budapest et Vienne. Il se fit au détriment de la Bohême à qui les mêmes droits furent refusés.

Le couronnement de François-Joseph qui devint roi de Hongrie en 1867 à Budapest fut le grand moment de la vie d'Elisabeth. Ce jour-là, elle ne se sentait pas seulement reine mais aussi, ainsi que le remarqua perfidement une dame d'honneur de la Cour viennoise, «comme une fiancée».

Ses séjours en Hongrie se prolongeaient de plus ne plus. Dix mois après le couronnement, elle y mit au monde sa plus jeune fille Marie Valérie, l'«Unique», la seule qui fut élevée en hongroise.

Empfang des Kaiserpaares in Budapest zur Zeit der Verhandlungen über den Ausgleich mit Ungarn 1866.

Reception of the imperial couple in Budapest during the 1866 negotiations with Hungary over the settlement known as the 'Ausgleich'.

Accueil du couple impérial à Budapest, à l'époque du compromis austro-hongrois en 1866.

Linke Seite: Auf dem Weg zur Krönung zur Königin von Ungarn am 8. Juni 1867.

Left Page: Amidst cheering crowds, Sisi is crowned Queen of Hungary on 8 June 1867.

Page de gauche: Sisi est couronnée reine de Hongrie le 8 juin 1867.

Auf dem Höhepunkt ihres Lebens und ihres politischen Einflusses: Erzebet (Elisabeth), bei und nach der Krönung in Budapest.

The high point of her life and of her political influence: Erzebet (Elisabeth) at and after her coronation in Budapest.

A l'apogée de sa vie et de son influence politique : Erzebet (Elisabeth), pendant et après le couronnement à Budapest.

Die neue Königin von Ungarn am Krönungstag, 8. Juni 1867.

The new Queen of Hungary on her coronation day, 8 June 1867.

La nouvelle reine de Hongrie le jour du sacre, le 8 juin 1867.

Seite 56: Franz Joseph und Elisabeth mit Gisela, Rudolf und der 1868 in Budapest geborenen Marie Valerie in ungarischen Kostümen.

Page 56: Franz Joseph and Elisabeth with Gisela, Rudolf and Marie Valerie (born in Budapest in 1868), wearing Hungarian costume.

Page 56: François-Joseph et Elisabeth avec Gisela, Rodolphe et Marie-Valérie, née à Budapest en 1868, en costumes hongrois.

1869 im Jagdschloß Gödöllö in Ungarn.

At the hunting lodge of Gödöllö in Hungary, 1869.

Dans le pavillon de chasse de Gödöllö en Hongrie, 1869.

Seite 58/59: Parforcejagd in Gödöllö, Gemälde von Kornél Spányik, nach Karl Blaas.

Page 58/59: Course in Gödöllö, painting by Kornél Spànyik, after Karl Blaas.

Page 58/59: Chasse à courre à Gödöllö, tableau de Kornél Spányik, d'après Karl Blaas.

Julius v. Blaas u. m. selber. Spanyit Castell. M.

Elisabeth und der Pferdesport

In Ungarn konnte Elisabeth auch ungestört ihrer Reitleidenschaft frönen, und zwar in den weiten Gründen des Schlößchens Gödöllö, das die ungarische Nation dem Königspaar zur Krönung geschenkt hatte. Hier ließ sie sich auch eine Manege bauen, um die Hohe Schule der Dressur zu reiten, aber auch andere Kunststücke zu Pferd zu lernen. Unterricht nahm sie bei der populären Zirkusreiterin Elise Renz, die sie in der Öffentlichkeit wie ihre persönliche Freundin behandelte – und damit die Aristokratinnen ärgerte. Immerhin konnte die Kaiserin von Österreich und Königin von Ungarn zu Pferd durch zwei Reifen springen.

Mit ihrer Zirkusreiterei wandelte Elisabeth auf den Spuren ihres Vaters Max, der ebenfalls in seinem Münchner Palais eine Zirkusmanege errichten ließ und dort die Münchner Gesellschaft mit seinen Kunststücken schockierte. Vor Publikum freilich trat die scheue Elisabeth in ihrer Manege nicht auf.

Als Mittelpunkt der ungarischen Gesellschaft glänzte Elisabeth auf den großen Fuchsjagden der Aristokratie. Wie sie die schönste Monarchin der Welt war, so wollte sie nun auch die beste Reiterin der Welt sein. Täglich trainierte sie mehrere Stunden mit den besten Reitlehrern der Welt, auf den teuersten Pferden, umgeben von ungarischen Sportfreunden, für ihr großes Ziel, mit ihren Reitkünsten auch bei den großen englischen Parforcejagden Ehre einzulegen.

Dieses Ziel erreichte sie in den siebziger Jahren auf mehreren England- und Irlandreisen. Diese Luxusreisen im Sonderzug mit einem riesigen Gefolge, von Hofdamen bis zu Reitknechten, und vielen sündhaft teuren Pferden verschlangen Unsummen. Franz Joseph blieb großzügig, obwohl er seine Frau kaum noch zu Gesicht bekam, die als »Königin hinter der Meute« fern von Wien Triumphe feierte.

Elisabeth and horse-riding

In Hungary, Elisabeth could also indulge her passion for riding in the grounds of the little castle of Gödöllö, given to the royal couple by the Hungarian nation as a coronation present. She had a riding school built where she could train in haute école and learn many of the skills of horsemanship. She took lessons from the popular circus equestrienne Elise Renz, whom she treated as a personal friend even in public, thereby angering the aristocratic ladies. Nevertheless, the Empress of Austria and Queen of Hungary could jump through two hoops on horseback.

With her circus riding, Elisabeth was following in the footsteps of her father Max, who had built a circus ring in his own palace in Munich, shocking Munich society with his horseback stunts. His shy daughter, however, did not perform in front of an audience.

As the shining light of Hungarian society, Elisabeth was also a prominent figure at the great fox hunts enjoyed by the Hungarian aristocracy. She was the most beautiful queen in the world; she wanted to be the world's best horsewoman too. She spent several hours every day with the best riding instructors who could be found, on the most expensive horses and surrounded by Hungarian sports-lovers, training with an eye to showing off her horsemanship at the famous English hunts as well.

She achieved this aim in the 1870s, on several visits to England and Ireland. Enormous sums of money were spent on these luxurious journeys of hers by special train, accompanied by a huge retinue ranging from ladies in waiting to grooms, and numbers of extremely expensive horses. Franz Joseph was still generous, although he hardly ever saw his wife now, for she was far away from Vienna, reigning triumphant as "Queen of the Hunt".

Les plaisirs de l'équitation

En Hongrie, Elisabeth pouvait s'adonner totalement à sa passion de l'équitation, dans les vastes terres du petit château de Gödöllö, que la nation hongroise avait offert au couple royal à l'occasion du sacre. Elle s'y fit construire un manège, pour apprendre les secrets de la Haute Ecole mais aussi des tours d'adresse. Elle prit des cours auprès d'Elise Renz, artiste populaire de cirque, qu'elle traitait comme une amie personnelle en public, éveillant ainsi la colère des dames de sa suite. En tout cas, Elisabeth impératrice d'Autriche, reine de Hongrie, pouvait traverser deux cerceaux à cheval.

Elisabeth suivait ainsi les traces de son père Max qui avait aussi fait installer un manège dans son palais de Munich et choquait la bonne société munichoise en présentant ses tours d'adresse.

Si Elisabeth était trop timide pour se donner en spectacle comme son père, elle était le centre de la société hongroise en brillant dans les grandes chasses au renard de l'aristocratie. Etre la plus belle souveraine du monde ne lui suffisait pas, elle voulait aussi être la meilleure cavalière. Elle s'entraînait tous les jours des heures durant avec les meilleurs professeurs d'équitation, sur les chevaux les plus chers, entourée de ses amis hongrois, amateurs de sport, pour atteindre son objectif : voir ses talents de cavalière honorés pendant les grandes chasses à courre anglaises.

Elle atteignit son but au cours des années 70 pendant plusieurs déplacements en Angleterre et en Irlande. Ces voyages de luxe dans des trains spéciaux avec une suite imposante depuis les dames d'honneur jusqu'aux palefreniers, et de nombreux chevaux de selle de grand prix coûtaient des fortunes. La générosité de François-Joseph ne se démentit jamais bien qu'il ait rarement vu sa femme, celle-ci fêtant loin de Vienne ses triomphes de « Reine derrière la meute ».

Elisabeth zu Pferd in den frühen siebziger Jahren.

Elisabeth on horseback in the early 1870s.

Elisabeth en selle au début des années 70.

Voll sportlichem Ehrgeiz und bestens
trainiert, schreckt Elisabeth als Reiterin
vor keinem Wagnis und keinem Hinder-
nis zurück.

An ambitious and highly accomplished
horsewoman, Elisabeth shrank from no
challange or obstacle.

Elisabeth, cavalière intrépide et parfaitement entraînée, ne recule devant aucun
obstacle

Seite 62: Reiterbildnis von Wilhelm
Richter, 1889.

Page 62: Equestrian portrait by Wilhelm
Richter, 1889.

Page 62 : Tableau équestre de Wilhelm
Richter, 1889.

Seite 63: Porträt der 15jährigen Sisi vor
ihrem Elternhaus in Possenhofen, von
Karl von Piloty, 1853.

Page 63: Portrait of Sisi, aged 15, in front
of her parents' home in Possenhofen, by
Karl von Piloty, 1853.

Page 63 : Portrait de Sisi à 15 ans, devant
la maison de ses parents à Possenhofen,
par Karl von Piloty, 1853.

Anläßlich der Wiener Weltausstellung empfängt das Kaiserpaar den deutschen Kronprinzen Friedrich in der Hofloge der neuen k.u.k. Hofoper.

During the World Exhibition in Vienna, the imperial couple welcome Crown Prince Friedrich of Germany to the royal lodge of the new Imperial and Royal Court Opera.

A l'occasion de l'exposition mondiale de Vienne, le couple impérial reçoit le prince héritier allemand Frédéric dans la loge impériale du nouvel opéra de la Cour.

Mit einer gehörigen Portion Intelligenz, Egoismus und Selbstbewußtsein setzte Elisabeth durch, was sie wollte. Sie lebte fast nur noch für ihre Liebhabereien und kümmerte sich wenig um die traditionellen Pflichten einer Kaiserin. Von jeher war ihr die Repräsentation eine Last gewesen, denn sie war von Natur aus scheu und wenig kontaktfreudig. Nun verweigerte sie sich fast gänzlich, vor allem den Repräsentationspflichten in Wien, wo sie sich nie wirklich heimisch und akzeptiert fühlte. Ausnahmen machte sie lediglich für Ungarn.

Für die großen Feierlichkeiten zu Franz Josephs 25jährigem Regierungsjubiläum 1873 war sie lediglich bereit, ihren Ungarnaufenthalt für zwei Tage zu unterbrechen und erschien auch dann bei offiziellen Anlässen noch äußerst selten. Wenn es schon sein mußte, wählte sie einen geschlossenen, uneinsehbaren Wagen oder verschleierte ihr Gesicht, um sich nicht neugierigen Blicken auszusetzen. Als 1879 die Silberhochzeit des Kaiserpaares gefeiert wurde, und die Elisabeth wieder Schwierigkeiten machte, ging am Hof das Wort um, man feiere ja nicht 25 Jahre Menage, sondern eher Manege.

Elisabeth betrieb weiterhin den Kult ihrer Schönheit und sagte wichtige Empfänge ab, wenn ihre Friseuse ausfiel oder sie das Gefühl hatte, nicht gut genug auszusehen. Obwohl die Massen auch in Wien zusammenströmten, wenn sie einen ihrer höchst seltenen Auftritte hatte, so ging ihr doch der Ruf voraus, als Kaiserin ebenso wie als Gattin und Mutter zu versagen. Als die Schönheit mit zunehmendem Alter verblaßte, versteckte sie bei öffentlichen Auftritten ihr faltig werdendes Gesicht hinter Fächern und Schirmen. Etwa seit dem vierzigsten Lebensjahr ließ sie sich nicht mehr fotografieren und saß auch keinem Maler mehr Modell. Auf diese Art hielt Elisabeth den Mythos ihrer Schönheit wach.

Sie machte auch kein Hehl daraus, daß sie nicht an die Zukunft der Monarchie glaubte. Sie schockierte mit republikanischen Ideen, rechnete mit einem künftigen Exil und häufte ohne Wissen Kaiser Franz Josephs in der Schweiz ein beträchtliches Vermögen an.

Hateful duties

Equipped with her fair share of intelligence, egotism and self-confidence, Elisabeth did as she pleased. She was concerned almost exclusively with her beauty and her own interests, scarcely heeding the traditional duties of an empress. Shows of royal grandeur had always been a burden to her, for she was naturally shy and withdrawn. Now she refused to take part in them almost entirely, and was particularly unwilling to carry out her royal duties in Vienna, where she never really felt at home or accepted. She would make exceptions only for Hungary.

When the silver jubilee of Franz Joseph's reign was celebrated with great magnificence in 1873, all she would do was interrupt a visit to Hungary for a couple of days, and even then she made very few appearances. If she really had to appear in public she would drive in a closed carriage with darkened windows, or would veil her face against curious glances. The imperial couple celebrated their silver wedding in 1879, and she made difficulties again: there was a saying at court that they were celebrating not 25 years of ménage, but rather manège.

Elisabeth still fostered the cult of her beauty, and had no scruples in refusing to attend important receptions if her hairdresser were unavailable, or she felt she did not look good enough. Although crowds gathered even in Vienna when she made one of her extremely rare appearances, her reputation of being remiss as both an empress and a wife and mother went ahead of her.

As her beauty faded with advancing age, she hid the wrinkles on her face behind fans and screens when she appeared in public. She would not be photographed or sit to have her portrait painted after she was the age of forty. Photographs had to be retouched with the help of older shots, and painters used their imagination; this was her way of keeping the myth of her beauty alive.

She did not conceal her lack of faith in the future of the monarchy. Her republican ideas shocked people. She expected to have to go into exile in the future, and without Emperor Franz Joseph's knowledge she had accumulated a considerable fortune in Switzerland for such a contingency.

Les devoirs honnis

Avec une solide portion d'intelligence, d'égoïsme et de confiance en soi, Elisabeth imposait ses volontés. Elle ne vivait pratiquement plus que pour sa beauté et ses passions et ne se souciait presque plus des devoirs traditionnels dus à son rang. Etant de nature farouche et peu communicative, elle avait toujours détesté représenter et s'y refusait aujourd'hui presque totalement, surtout à la Cour de Vienne où elle ne s'était jamais vraiment sentie à l'aise et acceptée. La Hongrie restait l'exception.

A l'occasion des festivités organisées en l'honneur des 25 années de règne de François-Joseph, elle daigna interrompre son séjour en Hongrie pour passer deux jours à Vienne, ne faisant que de rares apparitions en public. Quand elle ne pouvait s'y dérober, elle choisissait une voiture fermée où on ne pouvait l'apercevoir, ou se voilait le visage, pour échapper aux regards des curieux. Quand les noces d'argent du couple impérial furent fêtées en 1879, l'Impératrice rua une fois de plus dans les brancards, et la Cour ne parla plus de fêter 25 ans de ménage mais 25 ans de manège.

Elisabeth continua à célébrer le culte de sa beauté, refusant sans scrupules d'apparaître à des réceptions importantes si sa coiffeuse n'était pas disponible ou si elle pensait ne pas être assez belle. Mais si la foule se pressait aussi à Vienne quand Elisabeth faisait une de ses rarissimes apparitions, on n'en disait pas moins qu'elle avait échoué aussi bien en tant qu'impératrice que dans son rôle d'épouse et de mère.

Sa beauté s'évanouit au fil des ans, et lors de ses apparitions officielles, elle cachait son visage fané derrière des éventails et des ombrelles. A partir de la quarantaine, elle cessa de se faire photographier et ne posa plus pour les peintres. Les photographes se tiraient d'affaire en retouchant de vieux clichés. Les peintres faisaient travailler leur imagination. C'est ainsi qu'Elisabeth maintint éveillé le mythe de sa beauté.

L'Impératrice ne craignait pas non plus de faire savoir qu'elle ne croyait pas en l'avenir de la monarchie. Elle choquait par ses idées républicaines, envisageait un exil prochain et rassembla à cet effet, sans en toucher un mot à l'Empereur, une petite fortune en Suisse.

Elisabeth als Repräsentationsfigur:
links beim 25jährigen Regierungsjubiläum 1873, oben beim Empfang des
deutschen Prinzen Wilhelm, des späte-
ren Kaisers Wilhelm II., und beim Hofball.

Elisabeth as a figure of royal grandeur:
left, at the silver jubilee of Franz Joseph's
reign in 1873; above, at a reception for
Prince Wilhelm of Germany, later Kaiser
Wilhelm II; and at a court ball.

Elisabeth dans l'exercice de ses fonc-
tions : à gauche durant l'anniversaire des
25 ans de règne en 1873, ci-dessus rece-
vant le prince allemand Guillaume, le
futur empereur Guillaume II, et pendant
le bal de la Cour.

Hofball in der Wiener Hofburg,
Aquarell von Wilhelm Gause, 1900.

Court ball in the Hofburg, Vienna,
water-colour by Wilhelm Gause, 1900.

Bal de la Cour au palais de la Hofburg,
aquarelle de Wilhelm Gause, 1900.

Das Kaiserpaar mit Kronprinz bei der Weltausstellung 1873 mit dem deutschen Kaiser Wilhelm I. (Mitte) und dem Schah von Persien (rechts sitzend).

The imperial couple and Crown Prince Rudolf at the 1873 World Exhibition, with Kaiser Wilhelm I of Germany (centre) and the Shah of Persia (seated right).

Le couple impérial avec le prince hériter pendant l'exposition universelle de 1873. Au milieu le Kaiser Guillaume Ier, assis à droite le Chah de Perse.

Beim 25jährigen Regierungsjubiläum im Dezember 1873 in Wien: Kaiser und Kronprinz nehmen im offenen, beleuchteten Wagen die Huldigungen entgegen, die menschenscheue Kaiserin fährt im geschlossenen dunklen Wagen dahinter.

Vienna, the silver jubilee of Franz Joseph's reign in 1873: the Emperor and Crown Prince receive homage in illuminated open carriages, while the unsociable Empress drives in a closed, dark carriage behind them.

Pendant le 25e anniversaire du règne en décembre 1873 à Vienne: l'Empereur et le Prince héritier, en voiture ouverte et éclairée, sont acclamés par la foule, l'Impératrice les suit dans une voiture fermée et sombre.

Elisabeth als Trösterin der Armen und Kranken, Besuche, die sie am liebsten als Privatperson und nicht offiziell machte.

Elisabeth comforting the poor and the sick; she preferred to do her charitable work privately rather than officially.

Elisabeth console les pauvres et les malades. Elle leur rend plus volontiers visite en privé qu'en tant que personne officielle.

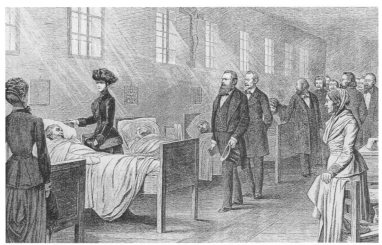

Das interessante Blatt

Abonnements-Preise mit wöchentlicher Postversendung: für Oesterreich-Ungarn: vierteljährig fl. 1.25, halbjährig fl. 2.50, ganzjährig fl. 5.—; für Deutschland: vierteljährig 3 M., halbjährig 6 M., ganzjährig 12 M.; für Frankreich, Schweiz und alle übrigen Länder Europas: vierteljährig 4 Frcs., halbjährig 8 Frcs., ganzjährig 16 Francs; für Amerika und alle anderen überseeischen Länder: vierteljährig fl. 2.25, halbjährig fl. 4.50, ganzjährig fl. 9.—.
Einzelne Nummern 10 kr.
Redaction und Administration: Wien, I., Schulerstraße 14.

Nr. 45.   Erscheint jeden Donnerstag.   Wien, 11. November 1886.   Abonnements durch jede Buchhandlung und Postanstalt   V. Jahrg.

Der Besuch der Kaiserin in der Irrenanstalt.

Kaiserin Elisabeth wohnt in der Frauenabtheilung der Irrenanstalt einer Hypnotisirung bei. (Siehe Seite 2.)

Die heutige Nummer ist 16 Seiten stark.

Sparsames Familienleben

Bei Elisabeths fast ständiger Abwesenheit von Wien fand ein kaiserliches Familienleben praktisch nicht statt. Und selbst wenn sie sich in Wien aufhielt, blieb sie doch meist den gemeinsamen Mahlzeiten fern mit der Begründung, mit Rücksicht auf ihre Figur ohnehin nichts essen zu wollen.

Kaiser Franz Joseph war zu sehr Majestät, um ein geselliger Mensch sein zu können. Umso wichtiger wäre für ihn ein Familienleben gewesen, wie er es aus seiner Kindheit her gewohnt war – schon als emotioneller Ausgleich für die Steifheit des Hoflebens. Erst spät, als sie rund fünfzig war, erkannte Elisabeth die Einsamkeit dieses gehemmten, von Natur aus schüchternen Mannes und fand voll plötzlicher Tatkraft einen Ausweg: Sie vermittelte ihrem Ehemann die Freundschaft mit der Hofburgschauspielerin Katharina Schratt, die ihm ein wenig Wärme gab. Damit konnte Elisabeth ihr schlechtes Gewissen beruhigen und sah sich umso mehr berechtigt, Wien zu meiden.

Die älteren Kinder Gisela und Rudolf wurden unter der Aufsicht der Erzherzogin Sophie in eigenen »Kindskammern« aufgezogen, hatten Scharen von Lehrern und waren kein Familienleben gewöhnt. Elisabeths Beziehung zu Gisela blieb zeitlebens kühl. Dazu mag beigetragen haben, daß die Tochter der Mutter gar nicht ähnlich war. Sie war ziemlich hausbacken, weder hübsch noch sportlich. Mit erstaunlicher Kühle arrangierte Elisabeth für das sechzehnjährige Mädchen eine Heirat nach Bayern.

Obwohl Kronprinz Rudolf seiner Mutter in Temperament, Intelligenz und Sensibilität sehr ähnlich war und sie verehrte, blieb Elisabeth auch hier zurückhaltend. Dabei imitierte Rudolf seine Mutter in vielen, ja den wichtigsten Dingen. Seine antiaristokratische Haltung erwuchs aus ihrem Beispiel, sein Antiklerikalismus und seine Lust zur Provokation ebenso. War Elisabeths Opposition zum Hof und (so paradox das auch klingen mag) zur monarchischen Staatsform so stark, daß sie dem Gottesgnadentum die Phrase vom »Volk von Gottes Gnaden« entgegensetzte, so führte Rudolf diese Ideen weiter und offenbarte als Achtzehnjähriger, er wolle lie-

The shadow of a family life

Since Elisabeth was absent from Vienna almost all the time, there was in effect no imperial family life. Even when she did visit the capital she would not usually attend family meals, pleading concern for her figure as her reason for not wanting to eat.

Emperor Franz Joseph was too much the royal personage to have mastered the art of sociability. A family life such as he had experienced in childhood would have meant a great deal to him, if only to provide some emotional counterbalance to the rigidity of court life. Only at a late date, when she was around fifty, did Elisabeth come to understand how lonely this inhibited and naturally shy man was, and with a sudden surge of energy she found a way to make it up to him: she contrived a friendship for her husband with the actress Katharina Schratt of the Hofburg theatre, who gave him a little warmth. Consequently, Elisabeth could soothe her guilty conscience and feel even more justified in avoiding Vienna.

Her elder children Gisela and Rudolf were brought up in their own nurseries under the care of Archduchess Sophie, with hordes of tutors and no real family life at all. Elisabeth's relationship with Gisela remained distant all her life, perhaps partly because Gisela was not in the least like her mother: she was rather homely, and neither pretty nor a good sportswoman. With remarkable detachment, Elisabeth arranged a Bavarian marriage for the girl when she was only sixteen.

Although Crown Prince Rudolf greatly resembled his mother in temperament, intelligence and sensitivity, and indeed adored her, Elisabeth kept her distance from him too. Yet Rudolf imitated his mother in many and indeed the most important ways. His anti-aristocratic ideas stemmed from her, as did his anti-clericalism and his penchant for being provocative. While Elisabeth's opposition to the court and (paradoxical as it may sound) to the monarchical state was so strong that she countered the idea of divine right by coining a phrase about the people's right. Rudolf carried such notions further, and said publicly at the age of eighteen that he would rather be president of a republic than a future emperor.

Une vie de famille en veilleuse

Elisabeth ne séjournant pratiquement jamais à Vienne, il est difficile de parler de vie de famille. Et même lorsqu'elle se trouvait à Vienne, elle ne participait pas à la plupart des repas pris en commun, alléguant qu'elle ne voulait pas manger pour ne pas nuire à sa silhouette.

François-Joseph était trop monarque pour être sociable. Une vraie vie de famille, comme celle qu'il avait connue dans son enfance, n'en aurait été que plus importante pour lui, rien que pour compenser sur le plan émotionnel la rigidité du protocole. Elisabeth ne découvrit que sur le tard, à la cinquantaine, la solitude de cet homme complexé et timide et, faisant preuve d'une résolution soudaine, trouva une solution pour y remédier. Elle fit faire à son mari la connaissance d'une actrice du Burgtheater, Katharina Schratt, et celle-ci sut dispenser un peu de chaleur à l'Empereur solitaire. La conscience tranquille, Elisabeth se sentit encore plus autorisée à éviter Vienne.

Pour ce qui est des enfants, les aînés Gisela et Rodolphe furent élevés dans des appartements isolés sous la férule de l'archiduchesse Sophie, ils avaient des légions de précepteurs et n'étaient pas habitués à la vie de famille. Les relations entre la mère et la fille restèrent toujours froides. Il faut dire qu'elles ne se ressemblaient guère. Gisela était plutôt pot-au-feu, ni jolie ni sportive. Avec une froideur étonnante, Elisabeth trouva pour la jeune fille de 16 ans un parti en Bavière.

Bien que le prince héritier Rodolphe ait vénéré sa mère dont il partageait le tempérament, l'intelligence et la sensibilité, Elisabeth garda ses distances avec lui. Pourtant Rodolphe l'imitait en beaucoup de choses, les plus importantes. Ses préventions anti-aristocratiques naquirent à son exemple, son anticléricalisme, son désir de provoquer. Si Elisabeth était opposée à la Cour et (aussi paradoxal que cela puisse paraître) à la monarchie au point de forger la phrase «peuple de par la grâce de Dieu», Rodolphe fit évoluer ces idées et déclara à 18 ans qu'il préférait être Président de la République que futur Empereur. Mais l'amour de Rodolphe pour sa mère resta sans écho.

Celle-ci se consacrait, de manière proprement

Das Kaiserpaar mit Gisela und Rudolf um 1860.

The imperial couple with Gisela and Rudolf, around 1860.

Le couple impérial avec Gisela et Rodolphe, vers 1860.

Seite 78: Während sich die Kaiserin fern von Wien im Kreis ihrer Hofdamen aufhält, läßt sich der einsame Kaiser mit den beiden mutterlosen Kindern fotografieren.

Page 78: During the Empress's absence from Vienna with her ladies in waiting, the lonely Emperor is photographed with his two motherless children.

Page 78: L'Empereur solitaire photographié avec ses deux enfants. L'Impératrice séjourne loin de Vienne avec ses dames d'honneur.

ber Präsident einer Republik sein als künftiger Kaiser. Aber Rudolfs Liebe zur Mutter blieb unerwidert.

Sie kümmerte sich ausschließlich um das Wohl und Wehe ihrer »Einzigen«, der »ungarischen Tochter« Marie Valerie, die sie von Anfang an als ihr Kind ansah, das sie mit niemandem zu teilen bereit war. Über die Sorgen und Nöte rund um Marie Valeries Liebesgeschichte und Verlobung im Dezember 1888 hatte Elisabeth kein Auge für die Nöte ihres immer depressiver und kränker werdenden Sohnes.

So war sie völlig unvorbereitet und ahnungslos, als ihr am 31. Januar 1889 das größte Unglück widerfuhr: Rudolfs Selbstmord in Mayerling gemeinsam mit seiner 17jährigen Geliebten Mary Vetsera. Elisabeths Verzweiflung nach Rudolfs Tod war auch ein Ausdruck ihres schlechten Gewissens, dem Sohn so wenig Beachtung geschenkt zu haben. Jedenfalls erholte sie sich von Rudolfs Tod nicht mehr.

However, his mother did not return Rudolf's love. She concentrated exclusively, in a positively hysterical manner, on the joys and sorrows of her "only child", her "Hungarian daughter", Marie Valerie, whom she regarded from the first as her own and whom she was not prepared to share with anyone. The difficulty and distress surrounding Marie Valerie's love affair and betrothal in December 1888 blinded Elisabeth to the needs of her increasingly ill and depressive son.

As a result, she was entirely unprepared, having suspected nothing, for the devastating news she received from Mayerling, on 31 January 1889, namely that Rudolf along with his seventeen-year-old mistress Mary Vetsera had committed suicide. Elisabeth's subsequent despair was partly an expression of her guilty conscience for taking so little notice of her son. She never recovered from Rudolf's death.

obsessionnelle, au bien-être et aux petits soucis de son « Unique », de sa « fille hongroise », Marie Valérie qu'elle avait considérée dès le départ comme son enfant, celle quelle ne partagerait avec personne. Obnubilée par l'histoire d'amour de Marie Valérie et ses fiançailles en décembre 1888, Elisabeth n'eut pas un regard pour son fils, toujours plus dépressif et plus souffrant.

Elle n'était donc absolument préparée au malheur qui la frappa le 31 janvier 1889 quand Rodolphe se suicida à Mayerling avec sa maîtresse de 17 ans, Marie Vetsera. Le désespoir d'Elisabeth après la mort de son fils exprime aussi sa mauvaise conscience, elle se reprochait de ne pas lui avoir accordé plus d'attention. Le fait est qu'elle ne se remit jamais de la disparition de Rodolphe.

Seite 79: Kronprinz Rudolf, Marie Valerie und Gisela.

Page 79: Crown Prince Rudolf, Marie
Valerie and Gisela.

Page 79: Le prince héritier Rodolphe,
Marie Valérie et Gisela.

Elisabeth und ihr einziger Sohn Rudolf
bei einer seltenen gemeinsamen Aus-
fahrt.

Elisabeth and her only son Rudolf, on a
rare drive together.

Elisabeth et son fils Rodolphe pendant
une de leurs rares sorties en commun.

Kön gin Elisabeth und Erzherzogin
Gise a im Café Gerbaud, Gemälde von
Ludwig Márk, 1900.

Queen Elisabeth and Archduchess Gisela
in Café Gerbaud, painting by Ludwig
Márk, 1900.

La reine Elisabeth et l'archiduchesse
Gise a au Café Gerbaud, tableau de
Ludwig Márk, 1900.

Elisabeth mit ihrer ältesten, wenig geliebten Tochter Gisela, deren Ehemann, Prinz Leopold von Bayern und dem ersten Enkelkind, Elisabeth, späterer Gräfin Seefried.

Elisabeth with her elder daughter Gisela (never her favourite), Gisela's husband Prince Leopold of Bavaria, and the imperial couple's first grandchild, Elisabeth, later Countess Seefried.

Elisabeth avec Gisela, sa fille aînée, la mal-aimée, l'époux de celle-ci, le prince Léopold de Bavière et leur premier né, Elisabeth, future comtesse Seefried.

Das offizielle Verlobungsbild des Kronprinzen mit Prinzessin Stephanie von Belgien und den Brauteltern 1880.

The official engagement picture of Crown Prince Rudolf and Princess Stephanie of Belgium in 1880, with Princess Stephanie's parents.

La photographie officielle des fiançailles de Rodolphe avec la princesse Stéphanie de Belgique et ses parents, 1880.

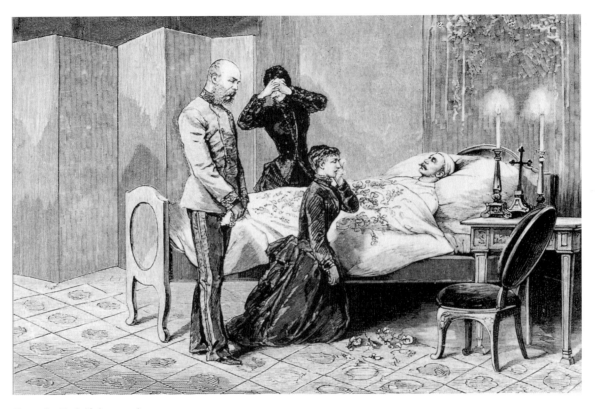

Kronprinz Rudolf, den zerschmetterten
Kopf verhüllt, auf dem Totenbett,
beklagt von den Eltern und der Witwe.
Phantasievolle Darstellung eines Zei-
tungsillustrators.

Crown Prince Rudolf on his bier, his
shattered head covered, mourned by his
parents and his widow. An imaginary
depiction by a newspaper artist.

Le prince héritier Rodolphe, la tête fra-
cassée voilée d'un linge, sur son lit de
mort et pleuré de ses parents et de sa
veuve. Dessin d'un illustrateur de jour-
naux.

Als mater dolorosa an Bord eines Schiffes in Griechenland.

Elisabeth as mater dolorosa, on board a
ship in Greece.

La « mère douloureuse » à bord d'un
bateau en Grèce.

Mater dolorosa

Zeichnung von Leopold Horovits, 1899.

Drawing by Leopold Horovits, 1899.

Dessin de Leopold Horovits, 1899.

Nach Mayerling hatte Elisabeth noch neun Jahre zu leben – Jahre voller Verbitterung, Einsamkeit, Menschenflucht. Noch nicht einmal das häusliche Glück ihrer Lieblingstochter Marie Valerie linderte ihre Melancholie. Der Kommentar zur Geburt vieler gesunder Enkel war stets trostlos. Zu Valerie sagte sie mehrmals in ähnlichen Worten, »es scheine ihr die Geburt jedes neuen Menschen ein Unglück, da man ja doch nur im Leiden seine Bestimmung erfüllt«.

All ihre Liebhabereien, das Reiten, Fechten, ja sogar das Dichten, hatte sie längst aufgegeben. Ihre Schönheit war längst dahin. Auch die Hoffnung, eine begnadete Dichterin zu sein, war verflogen. Ihr einziger Sohn war tot. Die Thronfolge ging auf eine andere Linie über. Auch hier war Elisabeth gescheitert. Vollkommen menschenscheu versteckte sie sich vor der Öffentlichkeit.

Früh kamen die Krankheiten des Alters, hervorgerufen auch durch exzessiven Sport, Hungerkuren, Verkühlungen bei täglichen Gewaltmärschen in Wind und Wetter. Elisabeth, die Traumkaiserin, hatte schweres Rheuma und eine ausgedörrte, faltige Haut, einen schwermütigen Blick, aufs höchste angespannte Nerven, innere Unruhe und – wie der obduzierende Arzt später feststellte – Hungerödeme.

Sie irrte als wandelnde »mater dolorosa« – stets in schwarz gekleidet – inkognito durch Europa, begleitet von erschöpften Hofdamen und rasch wechselnden griechischen Vorlesern. Polizeischutz lehnte sie ab. Sie spielte mit Selbstmordgedanken, sah nur Unglück in der Welt und in ihrem Leben keinen Sinn mehr.

Der schmerzlose und rasche Tod durch die Hand des italienischen Anarchisten Lucheni 1898 mag eine Erlösung für die vom Leben enttäuschte Frau gewesen sein.

Elisabeth still had nine years to live after Mayerling: years of embitterment, loneliness and misanthropy. Not even the domestic happiness of her favourite daughter Marie Valerie could relieve her melancholy. Her comments on the birth of her many healthy grandchildren were consistently bleak. She told Valerie several times, in similar words, that "she felt the birth of any new human being was a misfortune, since everyone was destined to suffer".

By now she had long abandoned all her passions, for riding, fencing and even literature, and her beauty was gone too. She had given up any hope of being an inspired poet herself. Her only son was dead, and the succession would pass to another line. Even here Elisabeth had failed. She became a recluse, hiding from public view.

The infirmities of old age came to her early, as a result of excessive exercise, starvation diets, and chills caught on long daily walks in all winds and weathers. Elisabeth, the Empress of everyone's dreams, now had severe rheumatism, a withered, wrinkled skin, a melancholy gaze, strained nerves, a troubled mind and – as the doctor who performed the post mortem on her discovered – oedema due to malnutrition.

She travelled Europe incognito, a wandering mater dolorosa, always dressed in black and accompanied by exhausted ladies in waiting and a string of Greek readers, who never stayed very long. She refused police protection, and toyed with ideas of suicide, seeing nothing but misfortune in the world, and no further point in her own life.

Her sudden but painless death at the hands of the Italian anarchist Lucheni in 1898 was perhaps no more than a blessed release for a woman who had lost all hope and was now tired of life .

Après Mayerling, il restait neuf ans à vivre à Elisabeth – neuf années d'amertume, de solitude, de mépris pour les êtres humains. Même le bonheur domestique de son enfant chérie Marie Valérie ne pouvait atténuer sa mélancolie. Même la naissance de nombreux petits-enfants en bonne santé ne la réjouissait pas. Elle dit plusieurs fois à Valerie dans des termes semblables que «la naissance de chaque être humain lui semble un malheur, vu que l'on ne remplit son destin que dans la souffrance».

Le cheval, l'escrime, écrire des poèmes, c'était hier. Sa beauté n'était plus qu'un souvenir. Abandonné l'espoir de voir découvrir ses talents lyriques. Son fils unique était mort. La succession au trône passerait par une autre lignée. Elle avait échoué sur toute la ligne et, fuyant le monde, elle se cachait.

Les maladies de l'âge mûr se manifestèrent relativement tôt, causées aussi par le sport pratiqué à outrance, l'anorexie – le médecin qui fit son autopsie trouva même des œdèmes dus à la sous-alimentation –, les refroidissements qu'elle attrapait en sortant par tous les temps. Elisabeth, l'impératrice de rêve, était bourrée de rhumatismes, sa peau était sèche et ridée, son regard triste, ses nerfs tendus à l'extrême, elle ne pouvait trouver la quiétude intérieure.

Mater dolorosa sans trêve ni repos, elle errait incognito, toujours de noir vêtue, à travers l'Europe, accompagnée de dames d'honneur épuisées et de lecteurs grecs changeant sans arrêt. Elle refusait une protection policière. Elle envisageait l'idée de se suicider, le monde n'était pour elle qu'affliction et sa vie n'avait plus de sens.

La mort rapide et sans souffrances qui arriva par la main de l'anarchiste italien Lucheni, en 1898, fut peut-être une délivrance pour cette femme désespérée qui en avait assez de vivre.

„Sediesant" ihr Ältester steht
Dorten auf der Schwelle,
Neben ihm sein Bruder späht
Nach der Seelybebbe.

Hinter ihr wohl eher schüchtern
Ist der Töchter eine,
Recht bescheiden hätt sie sich,
Diese blasse Kleine.

Wo beim Fenster im Bosquet
Frisch sich wölbt aus Blüten,
Dorten ein Adonis steht
Wie aus Hellas Mythen.
Ein Apoll ist er an Reiz,
Um die edlen Glieder
Wallet mit dem Ordenskreuz
Weiss der Mantel nieder.

Folgend seines Oheims Spur,
Hat auch er geschworen
Zu entsagen der Natur,
Cölibat erkoren.

Treibt er's wie der gute Ohm
Hinter den Coulissen,
Wird der treue Ordensohn
Ehstand nie vermissen.

Wieder lässt die Flügelthür
Einen Gast erscheinen.
Säbelklappern, Sporngeklirr
Kriegerisch sich einen.
Mit dem Feldmarschallenstab
Naht der Zukunftsieger
Wer nicht ger des Reiches Grab
Grabt der alte Krieger.

Als glühende Heine-Verehrerin ahmt Elisabeth den Meister in ihren Dichtungen nach. Oben zwei Seiten aus ihrem poetischen Tagebuch, rechts der von ihr eingerichtete Tempel für Heinrich Heine auf Korfu.

A fervent admirer of Heinrich Heine, Elisabeth tried to emulate the great poet in her own verses. Above, two pages from her diary in verse; right, the temple she erected to Heine on Corfu.

Elisabeth vénère Heinrich Heine et s'efforce de l'imiter dans ses poèmes. Ci-dessous, deux pages de son journal poétique, à droite le temple qu'elle fit édifier à Corfou pour Heine.

Für ihren Lieblingsdichter Heinrich Heine ließ Elisabeth bei ihrem Schloß Achilleion auf Korfu einen Tempel bauen.

Near Castle Achilleion on the island of Corfu, Elisabeth had a temple built in honour of her favourite poet Heinrich Heine.

Près de son château d'Achilleion à Corfou, Elisabeth fit construire un temple pour Heinrich Heine, son poète favori.

Das Achilleion auf Korfu, geweiht Elisabeths Lieblingshelden Achill.

The palace of the Achilleion on Corfu, named in honour of Elisabeth's favourite mythological hero Achilles.

Le Achilleion de Corfou, temple d'Achille, le héros favori d'Elisabeth.

Dieses Gemälde des ungarischen Künstlers Leopold Horovits entstand wie alle späten Porträts keineswegs nach dem lebenden Modell, sondern nach Fotos der jüngeren Kaiserin.

Like all portraits of the Empress in later life, this oil painting by the Hungarian artist Leopold Horovits was based on photographs he had seen.

Comme tous les portraits réalisés à la fin de sa vie, ce tableau de l'artiste Leopold Horovits fut exécuté d'après des photos prises lorsque l'Impératrice était plus jeune.

Der Tod in Genf am 10. September 1898,
durch die Feile des Anarchisten Lucheni,
brachte der müden und schwer depres-
siven Kaiserin den lang ersehnten
schmerzfreien Tod. Rechts der Mörder
bei der Verhaftung.

Elisabeth's assassination in Geneva on
10 September 1898, when she was stabbed
by the anarchist Luccheni, brought the
weary and depressive Empress the painless death she had yearned for. Right,
the arrest of the murderer.

En assassinant l'Impératrice avec une
lime le 10 septembre 1898 à Genève,
l'anarchiste Lucheni offrit à une femme
fatiguée et gravement dépressive la mort
qu'elle souhaitait depuis longtemps. A
droite le meurtrier lors de son arrestation.

Wiener Tagblatt.

Demokratisches Organ.

Nr. 250.   Sonntag, den 11. September 1898.   48. Jahrgang.

Die Kaiserin ermordet!

Genf, 10. September, 3 Uhr 40 Minuten Nachmittags. Kaiserin Elisabeth verließ um 12 Uhr 40 Minuten Mittags das Hotel Beaurivage, um sich nach dem Landungsplatze der Dampfer zu begeben.

Auf dem Wege dahin stürzte sich ein Individuum auf die Kaiserin und führte einen heftigen Stoß gegen dieselbe. Die Kaiserin fiel zu Boden, erhob sich jedoch wieder und erreichte den Dampfer, wo sie bald darauf in Ohnmacht fiel.

Der Kapitän des Schiffes wollte das Schiff nicht abgehen lassen, gab indes später über Bitten des kaiserlichen Gefolges das Zeichen zur Abfahrt. Das Schiff hielt jedoch, nachdem es den Hafen verlassen hatte, wieder an und kehrte zum Landungsplatze zurück. Die Kaiserin hatte das Bewußtsein nicht wiedererlangt und wurde auf einer rasch hergestellten Tragbahre nach dem Hotel Beaurivage gebracht.

Die Kleider der Kaiserin zeigten Blutflecken.

Der Thäter wurde festgenommen.

Le soussigné Greffier de la Cour de Justice Criminelle de Genève atteste, par les présentes, que l'arme ci-annexée est celle dont s'est servi Lucheni Luigi, assassin de S. M. l'Impératrice d'Autriche, pour commettre son crime.

Genève 10 Novembre 1898.

Der Leichenzug, die Totenmaske und
das Denkmal im Volksgarten in Wien.

Funeral procession, death mask, and
memorial in the Volksgarten in Vienna.

Le cortège funéraire, le masque mortu-
aire et le monument au Volksgarten de
Vienne.

Credits